PRIX: 0.50

GUIDES JOANNE

NICE, MONACO

PARIS
LIBRAIRIE HACHETTE ET Cⁱᵉ
79, BOULEVARD SAINT-GERMAIN, 79

NICE, MONACO

ET LEURS ENVIRONS

RENSEIGNEMENTS PRATIQUES

NICE

Omnibus de la gare : — du chemin de fer aux différents hôtels et à domicile : 30 c. par personne, 25 c. par colis, 10 c. par carton à chapeau ; — du domicile à la gare, 50 c. par personne, 25 c. par colis.

Hôtels. — Les hôtels sont nombreux à Nice et généralement confortables, grâce à l'affluence des étrangers venus de toutes les parties de l'Europe. En consultant le plan de Nice, les voyageurs peuvent choisir eux-mêmes, parmi les hôtels de la ville, celui qui leur paraît le plus agréablement situé. Ces établissements se trouvent surtout dans les parties modernes de la ville, le long de l'avenue qui mène de la gare à la place Masséna, sur les deux bords du Paillon et sur les rivages de la mer, au boulevard du Midi, à la promenade des Anglais, au quartier de Carabacel, à Cimiès et à Saint-Barthélemy.

Nous divisons les hôtels et pensions en trois groupes : la Ville, la promenade des Anglais et le boulevard du Midi, à proximité de la mer ; le quartier Ouest et le quartier Est, séparés par l'avenue de la Gare, et plu éloignés de la mer.

Ville et promenade des Anglais. — Hôtels : *des Anglais** ; *du Luxembourg** ; *de la Méditerranée** ; *West-End** ; *Westminster*, tous situés sur la promenade des Anglais ; — *d'Angleterre**, *de la Grande-Bretagne**, *de France**, tous trois devant le Jardin public ; — *Cosmopolitain**, *de la Paix**. *Grand-Hôtel**, tous trois sur le quai Saint-Jean-Baptiste ; — *Suisse, des Princes, du Cours, Beaurivage*, sur le boulevard du Midi ; — *des Étrangers*, rue du Pont-Neuf (ouvert toute l'année) ; — *du Helder*, place Masséna ;

1

— *Terminus-Hôtel*, en face de la gare ; — *d'Interlaken*, *d'Orient*, *National*, *du Prince de Galles*`, *d'Europe*, *de l'Univers*, *des Deux-Mondes*, tous avenue de la Gare et restant presque tous ouverts toute l'année ; — *du Midi*, avenue Delphine, devant la gare.

QUARTIER OUEST. — Hôtels : *de l'Élysée*, rue de France ; — *Splendid* `, *des Palmiers*, *du Louvre*, *de la Reine Victoria*, *Paradis*`, *des Iles Britanniques*`, tous situés boulevard Victor-Hugo ; — *Raissan*`, rue Saint-Étienne ; — *Royal*, place Grimaldi ; — *Richemont*, avenue Delphine.

QUARTIER EST. — Hôtels : *Roubion*, *Jullien*`, *Central*, *de Hollande*, tous avenue Beaulieu ; — *du Littoral*, *d'Albion*, *des Empereurs*, tous sur le boulevard Dubouchage ; — *de Paris*, *Carabacel*, *de l'Europe et d'Amérique*, *de Nice*`, *Bristol*`, sur le boulevard Carabacel ; — *Grand-Hôtel de Cimiès*, à Cimiès ; — *des Négociants*, rue Pastorelli, 24.

Pensions : — *Internationale*, petite rue Saint-Étienne, 2 ; — *Milliet*, rue Saint-Étienne, 2 et 4 ; — *Anglaise*, chemin de Cimiès, 10 ; — *Rivoir*, promenade des Anglais, 23 ; — *Anglaise (villa Marina)*, promenade des Anglais, 77 ; — *Tarelli*, rue de France, 5 ; — *Pertinax*, rue Pertinax, 15, etc.

Maisons et appartements meublés. — Les étrangers qui veulent séjourner à Nice ou dans les environs pendant une partie de l'hiver ou la saison tout entière ont un grand avantage à s'établir, aussitôt après leur arrivée, dans une maison particulière.

Les appartements se louent ordinairement pour la saison d'hiver, qui est de six mois, d'octobre en mai. Un petit logement, dans le quartier de la Marine et aux Ponchettes, peut coûter 600 à 800 fr. ; dans le même quartier, un appartement pour une famille nombreuse coûterait de 1200 à 2000 fr. ; dans la ville neuve, les prix, beaucoup plus élevés, varient suivant les exigences des propriétaires. — Un grand nombre de maisonnettes et de villas dans les faubourgs et les villages environnants, Saint-Étienne, Cimiès, Brancolar, Saint-Barthélemy, Beaulieu, etc., sont louées chaque année à des étrangers.

Restaurants : — *London-House*` (Frères Provençaux), Jardin public, 10, et Croix-de-Marbre, 3 ; — *Garden-House*, avenue de la Gare ; — *Montesquieu*, rue Gioffredo ; — *Français*, avenue de la Gare ; — *du Helder*, place Masséna, 4 ; — *du Cours*, sur le Cours ; — *de la Réserve*`, boulevard de l'Impératrice de Russie, 60 (on y mange des huîtres et de la bouillabaisse) ; — *de l'hôtel National*, avenue de la Gare, 60 ; — *de la Rose*, rue Masséna, 12 ; — *du Commerce*, Cours, 20 ; — *des Gourmets*, rue Masséna, 5 ; — *National*, avenue de la Gare, 3 ; — *Cosmopolitan-Bar*, Jardin public, 6 ; — *Central*, avenue de la Gare, 30 ; — *Anglo-Américan Bar*, *Oyster-House*, boulevard Victor-Hugo, etc.

On trouve rue Masséna, quai du Pont-Neuf et sur le Cours, plusieurs restaurants aux prix modérés. Un grand nombre de familles se font apporter leurs dîners d'un restaurant ou d'un établissement de cuisine bourgeoise.

Cafés : — *de la Victoire*, place Massséna ; — *du Coq d'or* ; *Grand-Café* *de Paris et de la Bourse*, tous les deux boulevard Dubouchage; — *Grand-Café*, quai Saint-Jean-Baptiste; — *de l'Univers*, boulevard du Pont-Neuf; — *Brasserie centrale* ou *des Palmiers*, rue du Temple (café chantant toute l'année); — *de Madrid*, avenue de la Gare, 4 bis; — *de la Rotonde*, avenue de la Gare, 29; — *Ture*, avenue de la Gare, 22; — *de la Renaissance*, place Masséna; — *Brasserie de Nice* (concerts), quai Place-d'Armes, 87; — *Café Riche et des Négociants*, avenue de la Gare; — *Taverne Gothique*, avenue de la Gare, etc.

Confiseries : — *Tantoville*, avenue de la Gare; — *Vogade*, place Masséna, 1; — *Féa*, place Masséna, 2; — *Guilton et Cie*, avenue de la Gare, 23; — *Rumpelmayer*, boulevard Victor-Hugo; — *Portaz*, avenue de la gare, 4.

Poste : —rue Saint-François-de-Paule, 20 (bureau ouvert de 8 h. du mat. à 9 h. du soir). — Bureau central du **télégraphe** (ouvert jour et nuit), rue du Pont-Neuf, 14; — Bureau mixte, poste et télégraphe (de 8 h. du mat. à 8 h. du soir), place Garibaldi, 6, et bureau télégraphique à la gare. — Des boîtes supplémentaires ont été établies dans tous les bureaux de tabac, rue de France, 35 et 78, à la Croix-de-Marbre, sur la place Masséna, etc.

N. B. — Les lettres qui sont mises après sept heures du soir dans d'autres boîtes que la boîte centrale ne partent que le lendemain.

Bains : — *Polythermes*, situés sur le boulevard du Midi et sur la rue Saint-François-de-Paule : bains ordinaires et de mer chauds, bains russes et de vapeur, des douches d'eau douce et d'eau de mer; — *Hammam* (bains turcs et hydrothérapie), place Grimaldi et rue de la Buffa, 4; — *Bains Masséna*, rue Masséna, 3; — *Bains des Quatre-Saisons* (Jardin public, 8); — *Bains polyglottes*, avenue de la Gare, 20; — *Bains*, place des Platanes, 2; — *Bains Macarani*, rue Macarani, 5; — *Bains de Saint-Sébastien*, boulevard du Pont-Vieux, 1. — Bains de mer de la promenade des Anglais.

Gymnase hygiénique pour les deux sexes, 31, boulevard Dubouchage; — *Ginet*, rue Chauvain, 12.

Casino municipal : — sur le Paillon, entre le Cours et la place Masséna (café-restaurant, salles de jeux, de bals, de concerts, jardin d'hiver, etc.). Abonnements d'un mois, au théâtre du Casino donnant droit à l'entrée permanente du Casino : — loges du 1er rang (5 entrées comprises), 300 fr.; loges du 2e rang (5 entrées comprises), 150 fr.; fauteuils d'orchestre et de pourtour (entrée comprise), 50 fr.; stalles d'orchestre et de pourtour, 35 fr.; stalles de parquet et pourtour de face, 25 fr.

Cercles : — *Cercle Masséna*, au Casino municipal; les étrangers y sont accueillis sur la présentation de deux membres. — *Cercle de la Méditerranée*, promenade des Anglais, 3, près du jardin public, entrée rue Halévy (avec musique, salles de bal, de concerts, de lecture, de jeu), etc. — *Cercle philharmonique*, rue du Pont-Neuf, 15; les étrangers de passage à Nice sont admis au cercle pour 10 jours sur la présentation d'un sociétaire; — *du Commerce*, place Masséna; — *Club Alpin*, rue Sainte-Clotilde, 1;

— *Club nautique*, quai Masséna, 7 ; — *Lawn-tennis-club* (en formation); — *Cercle de l'Union*, place Masséna.

Théâtres : — *Théâtre-Français*, rue Garnieri, derrière la place Masséna; ouvert tous les jours; on y joue l'opéra comique, l'opérette et le vaudeville; — *Théâtre-Municipal* (opéra italien), rue Saint-François-de-Paule; — *Théâtre Risso* (théâtre populaire de la vieille ville, à citer comme curiosité), 56, boulevard Risso.

Cirque : — rue Pastorelli, 7.

Panorama : — rue Saint-Philippe, près de la promenade des Anglais (*le Tour du lac, au bois de Boulogne de Paris*) ; entrée 1 fr. en hiver, 50 c. en été.

Cafés-concerts : — *Jardin du Palmier* (Brasserie centrale), rue du Temple, 9 (tous les soirs); — *Café de la Victoire* (concerts tous les soirs en été); — *de la Renaissance* (concerts tous les soirs); — *de Paris;* — *Brasserie de Nice*, quai Place-d'Armes; — *Brasserie Gambrinus;* — *Café de la Nation, Politeama Risso* (dans ces deux établissements, représentations de troupes italiennes); — *Atheneum* (concerts de musique classique, boulevard de la Buffa, 15; — *Musique au Jardin public*, t. les j., excepté le lundi, de 2 h. 1/2 à 4 h.

Tir aux pigeons : — sur la nouvelle route de Villefranche, en face de l'octroi.

Exposition de peinture : — tous les ans, en février, avenue de la gare, ordinairement dans le local du Crédit-Lyonnais.

Courses : — à partir du 15 janvier.

Régates : — en mars.

Voitures de place : — elles stationnent sur la promenade des Anglais, la place Masséna, au Jardin public, places Charles-Albert, Saint-Dominique, Garibaldi, sur les boulevards du Pont-Neuf, du Pont-Vieux, Dubouchage, Carabacel, rue de la Paix et à la gare.
Tarif pour les voitures circulant dans l'intérieur de la ville, et ne dépassant point les limites ci-après : rue de France au Pont-Magnan; chemin de Magnan au pont du chemin de fer; chemin de Saint-Étienne aux villas Bermont et Peillon; ham. de Saint-Étienne à l'église; boul. des Beaumettes à l'hôtel de Rome; chemin et boul. Saint-Philippe au pont du chemin de fer; avenue de la gare au Rond-Point; chemin de Saint-Barthélemy à la villa Rastoin; boul. de Cimiès au petit Lycée; chemin de Cimiès à la villa Francinelli; gare de Riquier; route de Saint-Pons à l'asile des vieillards; route de Turin au pont du chemin de fer; route de Gênes au pont du chemin de fer; ancienne route de Villefranche aux escaliers de la villa Korsakoff; boul. de l'Impératrice de Russie à la villa Lefèvre : — voit. à 1 chev. et 2 places, la course : le jour, 75 c.; la nuit, 1 fr. 25 c.; l'heure : le jour, 2 fr.; la nuit, 2 fr. 50; — à 1 cheval et 4 places, la course : le jour, 1 fr.; la nuit, 1 fr. 50; l'heure : le jour, 2 fr. 50; la nuit, 3 fr.; — à 2 chev. et 4 places, la

course : le jour, 1 fr. 50 c.; la nuit, 2 fr. 50 c.; l'heure : le jour, 3 fr.; la nuit, 3 fr. 50 c.— Un tarif spécial a été établi pour les *courses de la gare à la ville*; il est indiqué sur le bulletin que tout cocher doit remettre d'office au voyageur. — La première heure est due intégralement, lors même qu'elle ne serait pas entièrement écoulée; le temps excédant la première heure est payé par 1/4 d'heure sur la base du tarif à l'heure. — *Bagages :* chaque colis enregistré par le chemin de fer ou pesant 30 kilog. paye 25 c. — Le service de nuit commence à 8 h. du soir et se termine à 7 h. du matin.

Courses à Villefranche, tour par la route forestière de Montboron, à la Trinité-Victor, aux grottes Saint-André (aller et retour), avec 1,2 heure d'arrêt, mêmes prix le jour et la nuit.

Voit. à 1 chev., 2 pl. 6 fr.; — 4 pl. 7 fr.; — 2 chev., 2 ou 4 pl. 10 fr.

Monte-Carlo, par la nouvelle route, voit. à 2 chev. et 4 places, la journée (aller et retour), 50 fr.

Loueurs de voitures et de chevaux : — Ils sont nombreux à Nice. Les remises et les écuries des principaux loueurs se trouvent sur la route de France, dans la rue Masséna, rue Garnieri, 9, rue Saint-François-de-Paule, 19, et place des Phocéens (*Société générale des Voitures de Nice*).

Bateaux à voiles et à rames. — Dans le port : passage d'un petit môle à l'autre, 5 c.; sur tout autre point, 10 c.; du quai au vapeur, pour un voyageur sans bagage, 30 c.; chaque colis, autre que canne, parapluie ou couverture, 10 c. Le prix des promenades hors du port et des courses en mer doit être débattu à l'amiable entre les amateurs et les bateliers.

Tramways : — De la place Masséna à la Californie, par la rue de France et le pont Magnan; — De la gare au port, par les places Masséna et Garibaldi; — De la place Masséna à l'Abattoir, par le square Garibaldi; — De la place Masséna à Saint-Maurice. — Départs toutes les 10 min. Prix : 10, 15 et 25 cent. suivant les distances.

Tram-Omnibus : — De la gare au port, par les places Masséna et Garibaldi; — De la place Charles-Albert au pont Magnan; — De la place Garibaldi à Saint-Étienne; — de la place Masséna à la place d'Armes. — Départs toutes les 10 min. Prix unique : 10 c.

Omnibus : — Pour *Villefranche* (30 c.) et *Saint-Jean* (50 c.); — *Beaulieu* (50 c.); — *Trinité-Victor* (40 c.); — *Saint-André* (30 c.); — *Saint-Jean* (60 c.); — *Vallon-Obscur* (40 c.); — *Puget-Théniers, Saint-Sauveur, Saint-Martin-Lantosque*, t. l. j.; — *Cimiès*, plusieurs départs par jour (50 c.); — *Saint-Laurent* (40 c.); — *Cagnes* (75 c.); — *la Colle* (50 c.); — *le Var*, plusieurs départs par jour (50 c.). — Le bureau de ces divers services est situé boulevard du Pont-Neuf, 34.

Bateaux à vapeur : — Des services de vapeurs mettent Nice en communication directe avec les ports principaux de la Provence et de l'Italie. S'adresser aux bureaux des différentes lignes (Cies Transatlantique, Fraissinet, Morelli). — De Nice à : Marseille et Cette (le dimanche à 8 h. du matin, trajet en 11 h.; 16 fr., 10 fr. et 7 fr. 50; et pour Cette; 26 fr., 19 fr. et 13 fr.); — Bastia et l'île Rousse (le mardi à 5 h. du soir; 24 fr. et 15 fr., nourriture comprise et 12 fr.; trajet en 11 h.); — Gênes (le vendredi à 6 h. du soir); pour Livourne, même jour et même heure (45 fr., 30 fr. et 12 fr.). — Agences des bateaux à vapeur: *Giordan*, quai Lunel, 16, au Port et aux bureaux de la Compagnie générale Transatlantique, quai Lunel, 12, au port.

Commissionnaires : — *Facteurs-Express*, 1, rue Charles-Albert; pour le transport des bagages de la gare au domicile du voyageur et *vice versa* : une malle n'excédant pas 50 kilog., 70 c.; sac de nuit, 35 c.; carton à chapeau, 25 c.; 10 c. en plus par malle et 5 c. par autre colis quand le voyageur, ne trouvant pas de place dans un hôtel, est obligé d'aller dans un autre.

Transports et expéditions : — *Massiera*, rue Saint-Michel, 16; — *Ansaldi et Guigues*, place Saint-Étienne, 14; — *Bovis et Constantin*, rue du Temple, 2; — Bureau du chemin de fer, place Charles-Albert, 26; — *Février*, rue du Pont-Neuf 17; — *Voyer*, place Charles-Albert, 4; etc.

Commissariat central de police : — A la mairie, rue de l'Hôtel-de-Ville (de 8 h. à midi et de 2 h. à 6 h.).

Agences de location : — *Agence Dalgouttc*, rue Croix-de-Marbre, 2; — *Agence Lattes* (Pouget et A. Lattes successeurs), rue Paradis, 8; — *Rosanoff*, agence russe, rue Masséna, 18. — On trouve aussi chez M. Ch. Jougla, libraire, rue Gioffredo, 55, la nomenclature exacte des villas et appartements à louer.

Banques : — *Succursale de la Banque de France*, quai du Midi, 13, ouverte de 9 h. à midi et de 2 h. à 4 h., excepté le dimanche; — *Caisse de Crédit de Nice*, rue Gubernatis (change de monnaies); — *Succursale de la Société générale*, rue Gioffredo, 6 ; — *Comptoir d'Escompte*, rue Gioffredo, 48; — *Crédit Lyonnais* (succursale), avenue de la Gare, 13; — *Lacroix et Boissard*, place Masséna, 2; — *Lacroix et Cie*, place du Jardin-Public, 1; — *Banque générale des Alpes-Maritimes*, rue Gioffredo, 58.

Changeurs : — *Bonfiglio et Gilly*, rue Alberti, 2; — *Comptoir Franco-Russe*, rue Croix-de-Marbre, 5; — *Banque de Nice*, place Masséna, 6; — *Comptoir Niçois*, avenue de la Gare, 13.

Principaux consulats : — *Allemagne*, rue Gioffredo, 36;— *Angleterre*, rue de la Buffa, 11 bis; — *Autriche*, rue Gubernatis, 14; — *Belgique*, quai Masséna, 7; — *Brésil*, place Masséna, 2 ; — *Espagne, Suède et Norvége*, quai Masséna, 7; — *États-Unis*, boulevard Gambetta, 52; — *Hollande*, quai du Midi, 5; — *Italie*, rue Buffa, 4 bis; — *Russie*, avenue des Orangers; — *Suisse*, rue de Russie, 1.

Librairies : — *Établissement littéraire Visconti*, rue du Cours, 2 (vaste établissement; salons de lecture avec jardin magnifique: bibliothèque de 37 000 volumes; abonnements aux livres et journaux); — *Pallut*, place du Jardin-Public, 7 (librairie circulante, ouvrages étrangers); — *Ardoin, frères*, rue de la Gare, 29; — *Ve Bianchi*, rue Masséna, 13; — *Barma*, boulevard du Pont-Neuf, 4; — *Cauvin-Empereur*, rue de la Préfecture, 6; — *Delbecchi*, rue du Pont-Neuf, 9; — *Galignani* (librairie anglaise), quai Masséna, 15; — *Jougla*, rue Gioffredo, 55; — *Labonne*, rue du Pont-Neuf;

— *André Pons*, rue du Pont-Neuf, 1; — *Salengo*, boulevard du Pont-Neuf, 36; — *Viale*, avenue de la Gare, 17; — *Ferrara*, établissement musical (pianos à louer), quai Masséna, 1; — *Decourcelle* (musique), avenue de la Gare, 21.

Guides : — On pourrait former une bibliothèque considérable avec les *Guides de l'étranger* et les livres spéciaux écrits en français, en anglais, en allemand sur Nice et ses environs. Les principaux ouvrages relatifs au climat sont ceux du docteur Lubanski, *les Hivers à Nice;* de Louis Robaudi, *Nice et ses environs,* etc.

Nous recommandons également les *Plans géométriques de Nice, des environs de Nice, de Monaco et Menton*, librairie Visconti, Nice.

Journaux : — A la gare, au kiosque de l'avenue de la Gare, place Notre-Dame, boulevard Victor-Hugo.

Fleuristes : — *Bado*, place Masséna, 2; — *Duluc* (maison Alph. Karr), Jardin-Public, 5; — *Société horticole d'Hyères*, quai Saint-Jean-Baptiste, 19; — *Établissement horticole des Alpes-Maritimes*, avenue de la Gare; — *Société Florale de Nice*, avenue de la Gare, 8; — *Toche*, quai Saint-Jean Baptiste, 9, etc. — Toutes ces maisons expédient des plantes, fleurs, bouquets, *franco*, par la poste ou le chemin de fer.

Cultes : — *Temple consistorial israélite*, rue Saint-Michel, 9; — *Temple israélite réformé*, rue du Pont-Neuf, 17; — *Église russe*, rue Longchamp, 6; — *Temple allemand*, rue d'Augsbourg, 1; — *Temple américain*, boulevard Victor-Hugo; — *Temple anglais*, rue de Notre-Dame prolongée; — du *Christ*, à Carabacel; — *Église épiscopale*, rue de France, 13; — *Temple écossais*, boulevard Victor-Hugo, 16; — *Temple évangélique*, rue Gioffredo, 50.

MONACO

LA CONDAMINE. — Hôtels : *des Bains* (bains de mer froids et chauds), sur la plage; — *de la Condamine* (restaurant); — *Beau-Site* (restaurant); — *Beau-Séjour;* — *des Étrangers et de l'Univers* (restaurant); — *d'Angleterre;* — *de France* (restaurant); — *de Marseille* (restaurant); *de Nice, des Voyageurs,* tous deux en face de la gare. — Cafés *de la Méditerranée:* — *Taverne Alsacienne:* — *Beau-Site;* — *Lefranc;* — *Français;* etc. — Établissement de bains de mer et d'eau douce.

MONTE-CARLO. — Hôt. : *Grand-Hôtel de Paris**, à côté du Casino; — *de Russie** et restaurant des *Frères Provençaux;* — *Grand-Hôtel et Continental**; — *Monte-Carlo Hôtel*, avenue Monte-Carlo; — *de Londres*, en face du Casino; — *des Anglais**, près du Casino; — *Victoria**; — *des Princes**, *Beaurivage**, tous deux situés avenue de Monte-Carlo; — *du Parc*, dans le quartier des Bas-Moulins; — *des Colonies et restaurant Parisien*, hôt.-pension, — *de Plaisance;* — *de la Terrasse*, boulevard des Moulins; — *des Villas réunies*, avenue de la Costa.

Les hôtels de Monaco et de Monte-Carlo restent ouverts toute l'année.

Cafés : — *de Paris*, place du Casino ; — *au Grand-Hôtel;* — *Buffet du Casino*.

Restaurants : — de l'*hôtel de Paris;* — *des Frères Provençaux;* — *Français,* au Grand-Hôtel; — *Parisien;* — *Riche;* — de l'*hôtel des Colonies* et dans la plupart des hôtels.

Poste et télégraphe : — rue des Vieilles-Casernes, à la vieille ville et à Monte-Carlo, avenue Monte-Carlo.

Casino : — établissement de jeu de Monaco; la roulette s'y joue avec un seul zéro; le minimum est de 5 fr., le maximum de 6000 fr.; au trente-et-quarante, le minimum est de 20 fr., le maximum de 12 000 fr. — **Avis :** conformément au règlement du Cercle des Étrangers de Monte-Carlo, l'entrée des salons n'est accordée qu'aux personnes munies de cartes délivrées par des commissaires, à l'entrée des salles de jeu; elle est interdite aux habitants de la principauté et des Alpes-Maritimes, à l'exception des membres des principaux Cercles.

Opéra italien : — dans la salle du théâtre du Casino.

Concerts : — tous les jours (en été) dans le kiosque du parc, à 2 h. 1/2, et le soir à 8 h. 1/2 dans les salons (en hiver), sauf les soirs de représentation théâtrale.

Tir aux pigeons : — concours hebdomadaires du 15 décembre au 31 mars.

Chevaux et voitures : — *H. Crovetto,* impasse des Écuries.

Anes : — *Vernay,* en face de la Villa del Sol et de l'hôtel des Anglais.

Agences de location : — *A. Gautheri et Cie,* au Grand-Hôtel; — *F. Gindre,* avenue de la Gare.

NICE

Situation et climat.

Nice, V. de 70 000 hab. et dont la population s'augmente, pendant l'hiver, d'une foule d'étrangers venus de tous les points du globe, ch.-l. du départ. des Alpes-Maritimes, est située à l'extrémité septentrionale d'un golfe semi-circulaire appelé *baie des Anges* et bordé à l'E. par un promontoire rocheux, à l'O. par la pointe de Caras et l'embouchure du Var. Le large lit du torrent pierreux appelé Paillon, et, plus à l'E., un monticule rocheux, partagent Nice en quatre villes distinctes. La *ville centrale* est appuyée sur la colline que couronnait jadis un château fort. La *ville du XVIIIe s.,* limitée au S. par la promenade du Cours, est inclinée en pente douce vers l'embouchure du Paillon. La *ville du port* est construite autour des deux bassins creusés à la base orientale de la colline du Château. Enfin la *ville moderne* forme une zone de maisons, sans cesse grandissante, qui occupe toute la rive dr. du Paillon et le bord de la Méditerranée.

Autour du bassin de Nice, le relief de la contrée s'accuse fortement. A l'E. se prolonge le chaînon escarpé de Montboron, de Montalban, du Mont-Vinaigrier, du Mont-Gros, signalé par son observatoire. Au N. et à l'O. s'élèvent des collines aux pentes douces, couvertes d'oliviers et parsemées de villas: par-dessus se dressent de véritables

LÉGENDE.

1 Église Ste Réparate (Cathédrale) D.2	9 Temple Russe C.2
2 id. de la Croix D.2	10 Croix de Marbre B.3
3 id. St François de Paule . C.2	11 Bibliothèque C.3
4 id. St Jean-Baptiste D.2	12 Bourse C.2
5 id. Notre-Dame C.1.2	13 Casino Mpal (Cercle Masséna) C.2
6 Oratoire de la Miséricorde D.2	14 id. de la Méditerranée .. B.C.3
7 id. du St Sépulcre D.2	15 Hôtel de Ville C.2
8 Temple Anglais D.2	16 Musée D.2

17 Palais de la Préfecture . C.D.2
18 Ponts aux Lettres C.3
19 Statue de Charles Félix . D.3
20 Télégraphe D.2
21 Square Garibaldi D.2
22 id. et Statue de Masséna C.2
23 Pont et Place Garibaldi . D.2
24 Théâtre municipal C.3

L. Thuillier del!   Échelle: Imp. Dulas Lemercier & Cie 57, rue de Seine Paris.

0   100   500   1000   Mètres.

11.86

Nice.

montagnes que domine la superbe pyramide du Mont-Cau; puis, au delà, cimes après cimes se montrent en amphithéâtre immense, jusqu'à la principale crête des Alpes, resplendissante de neige pendant la plus grande partie de l'année.

La température moyenne de Nice est, pour l'année entière, de 15°,6; pour l'hiver, de 9°,3; pour le printemps, de 13°,3 : pour l'été, de 22°,5; pour l'automne, de 17°,2. L'écart entre la température de l'hiver et celle de l'été est donc de 13°,2; quelquefois, en hiver, le thermomètre descend pendant la nuit à quelques degrés au-dessous de zéro, mais la température se relève dans la journée. La neige tombe une moitié de journée par hiver, en moyenne. Le maximum de température observé a été de 33°,4, mais presque jamais il ne dépasse 32°.

La moyenne des journées pluvieuses est de 67; en général, les pluies sont à Nice de très courte durée, et le ciel se rassérène bientôt après avoir été couvert de nuages. Souvent les averses sont d'une violence extrême comme les pluies des régions tropicales. Aussi la quantité d'eau qui se précipite annuellement dans le bassin de Nice est-elle, malgré la plus grande rareté des pluies, supérieure à la masse liquide qui arrose chaque année les campagnes du nord de la France. Tandis qu'à Paris la moyenne est de 54 cent., elle est à Nice de 82 cent. Cette quantité d'eau de pluie se répartit d'une manière à peu près égale sur toutes les saisons. Les jours parfaitement beaux se distribuent aussi assez également sur toutes les parties de l'année : on en compte de 55 à 65 dans chaque saison.

Les brises normales, qui soufflent alternativement de la terre et de la mer, exercent une influence bienfaisante en renouvelant l'air vicié qui s'élève de la ville. En outre, des vents plus ou moins forts balayent Nice un jour sur quatre, par année moyenne. Le vent d'E., descendant par l'échancrure du col de Villefranche, est celui qui se déchaîne le plus souvent sur Nice; il souffle en moyenne 40 jours par an; c'est en automne qu'il est le plus fréquent et le plus redoutable. Vient ensuite le vent du S.-O. ou *libeccio* (vent de Libye), qui, d'après les observations de M. Teysseire, se fait sentir en moyenne pendant 21 jours : c'est un vent très violent, à la fois humide et chaud, qui dispose au sommeil, détend les muscles et impressionne d'une manière désagréable les personnes d'un tempérament nerveux et délicat. Le vent du N.-E. ou *gregaou* (grec), qui apporte parfois des orages, de la grêle, et en hiver de la neige, est relativement rare, car il ne souffle en moyenne que pendant 8 jours. Le vent d'O. est aussi très peu fréquent. Quant au mistral et à la *tramontane*, qui soufflent du N.-O. et du N., surtout pendant les mois de mars et d'avril, ils sont en général arrêtés, l'un par les divers chaînons qui s'élèvent à l'O. du Var, l'autre par la grande crête des Alpes; mais ils ne sont pas complètement inconnus à Nice. Quand la tramontane, le mistral ou d'autres vents violents soufflent sur le bassin du Paillon, la ville et la plaine se voilent sous un immense dôme de poussière tourbillonnante au milieu de laquelle on respire difficilement.

Un des inconvénients les plus graves du pays, dit M. Roubaudi, « est l'inconstance extrême des vents; fréquemment ils changent plusieurs fois par jour. Ces changements imprévus donnent quelquefois de tels retours de froid que, si Nice n'a pas d'hiver, en revanche, on n'y trouve pas de printemps. » Les malades doivent, on le comprend, se prémunir avec soin contre ces brusques variations de température.

Parmi les malades auxquels le séjour de Nice fait incontestablement du bien, on doit cite. les phthisiques au premier degré, ceux qui souffrent de calculs urinaires, les goutteux, les scrofuleux, les rachitiques, les asthmatiques, les personnes attaquées de toux, de catarrhe, les gens affaiblis par excès de travaux intellectuels. En revanche, on ne saurait conseiller Nice aux malades sujets à des inflammations aiguës, qui ont le pouls fréquent, ou chez lesquels les centres nerveux sont trop excitables. Les maladies du cœur peuvent s'y aggraver. Enfin les ophthalmies se guérissent difficilement dans ce pays où la lumière est si vive, où le fléau de la poussière a pris de telles proportions. Octobre, novembre et décembre sont, parmi les mois d'hiver, les plus doux et les plus sereins; les mois de chaleur, de mai en septembre, sont ceux qui offrent la plus grande uniformité de température; mars et avril, au contraire, ceux qui présentent les variations les plus soudaines et les plus redoutables pour la santé des malades.

Nice offre aux étrangers un grand nombre d'établissements de santé, de gymnastique, de douches, de bains, d'hydrothérapie; mais la plage, à cause de ses galets et de sa forte inclinaison, n'est pas aussi favorable aux bains de mer que celle de Cannes. Le seul endroit de Nice qui offre aux baigneurs une plage assez agréable est le quartier du Lazaret, situé à l'E. du port.

Histoire.

Nice, fondée il y a déjà plus de vingt-deux siècles, garde encore le vieux nom grec de Νίκη (Victoire), que lui donnèrent les Phocéens de Marseille, à l'occasion d'une grande victoire remportée par eux sur les Ligures de la contrée. La colonie phocéenne se développa rapidement et devint bientôt l'un des entrepôts commerciaux les plus importants de la côte de Ligurie. Mais César, ayant favorisé la bourgade de *Cemenelum* (Cimiès), ancien village des Ligures, situé au N. de Nice, en lui donnant le titre de cité et de capitale des Alpes Maritimes, Nice ne fut plus que le port de Cimiès.

À l'époque des invasions barbares, Nice fut cruellement ravagée; en 405, elle fut renversée de fond en comble; cependant elle dut se relever peu à peu, puisque, dans le courant du v* s., on bâtit la forteresse de *Bellanda*, sur le monticule appelé aujourd'hui le rocher du Château. Puis, en 578, lorsque le roi lombard Amon Alboin eut pris d'assaut et détruit la forte cité de Cimiès, Nice recueillit les fugitifs, et par la ruine de sa rivale, reprit une partie de son ancienne importance.

En 617, Nice, s'arrachant au joug des rois francs, entra dans la ligue génoise avec les autres villes de la Ligurie. En 731, la ville était assez forte pour résister aux attaques des Sarrasins, qui se retirèrent après avoir ravagé les campagnes environnantes. Sous le règne de Charlemagne et même après sa défaite de Roncevaux, les comtes de Nice forcèrent encore plusieurs fois les Maures à se rembarquer; mais, en 859 et en 880, Nice et les villes voisines furent mises à feu et à sang. Pendant la plus grande partie du x* s., les Sarrasins, installés dans les *fraxinets* ou châteaux forts construits sur les montagnes et les rochers les plus inaccessibles du littoral, restèrent les maîtres absolus de la campagne de Nice.

Après leur expulsion (975), pendant les jours ténébreux du moyen âge, Nice eut à souffrir de toutes les guerres civiles ou étrangères qui dévastèrent le sol de l'Italie. Alliée de la république de Pise et par conséquent ennemie de la république génoise, Nice était exposée à toutes les vicissitudes de la lutte qui sévissait presque constamment entre les deux puissantes rivales. En 1166, elle résista heureusement au comte de Provence, Ra mond-Bérenger III, qui fut tué d'un coup de flèche en montant à l'assaut. Dix ans après, en 1176, elle fut prise par Alphonse d'Aragon, successeur de Raymond-Bérenger, mais elle put conserver intactes toutes ses libertés municipales et une partie de son autonomie républicaine.

En 1215, le peuple de Nice, ayant découvert un complot qui ne tendait à rien moins qu'à livrer la ville aux Génois, proclama de nouveau son indépendance; mais, en 1229, il retomba sous la domination de Raymond-Bérenger IV, qui lui imposa un gouverneur et rebâtit le château dont il fit bientôt la plus redoutable forteresse de la Provence.

Par son mariage avec Béatrix, fille de Raymond-Bérenger, Charles d'Anjou devint le suzerain de Nice. Le nouveau maître accorda quelques privilèges commerciaux au port niçois; mais d'un autre côté il lui demanda la douzième partie de la flotte qui devait lui servir pour la conquête des Deux-Siciles. Les guerres continuelles entretenues par les grands seigneurs des environs, les Grimaldi de Monaco, les Lascaris de Tende, les Doria de Dolce Acqua, de terribles famines, la peste, une pluie de sauterelles en 1364 désolaient la contrée.

Sous le règne de Jeanne, la ville de Nice ne fut pas plus heureuse que sous Charles et Robert d'Anjou; en 1382, Jeanne mourut dans sa prison, et la guerre civile qui sévissait entre les partisans des Duras et des Anjou reprit avec une nouvelle fureur. Les Niçois s'étant prononcés en faveur de Ladislas de Hongrie, fils de Charles de Duras, les troupes angevines vinrent aussitôt mettre le siège devant Nice. Les Niçois appelèrent alors à leur aide le comte de Savoie, Amédée VII le Roux, et signèrent avec lui une convention qui donnait le comté de Nice à la Savoie si, dans le délai de trois ans, Ladislas ne remboursait pas les frais de guerre. Trois ans après, la convention provisoire devenait définitive.

Sous la protection des comtes de Savoie, Nice, n'ayant plus à craindre ses voisins les grands vassaux, entra dans une ère de prospérité commerciale. Mais en 1467, la peste fit périr à Nice plus de 7800 habitants.

Pendant le XIV° s. et la première moitié du XV°, les ducs de Savoie ne cessèrent d'augmenter les défenses du château. Ce fut alors que l'on fit creuser dans le roc vif le puits du château, longtemps considéré comme une des merveilles du monde.

La guerre éclate, en 1524, entre Charles-Quint et François I°°. Aussitôt les campagnes de Nice sont ravagées par les armées en marche. A la peste, qui sévissait déjà et qui dura des années, s'ajouta la famine, et, pour comble de malheur, le Paillon déborda en 1530, et détruisit une partie de la ville.

En 1536, la Provence est envahie de nouveau du côté de Nice. Charles-Quint y pénètre à la tête de 90 000 hommes, va se faire couronner à Aix roi de Provence et bientôt revient en fugitif. La famine recommence; les pirates sarrasins font une descente dans la plaine du Var; d'autres brigands, nobles ou vilains, parcourent impunément les montagnes.

François I°°, devenu l'allié de Barberousse, fit d'énormes préparatifs en vue de la conquête de Nice. Le 5 août 1543, les 300 voiles de Barberousse et du capitaine Paulin étaient en vue de Nice, et, le soir même, le terrible corsaire débarquait à Villefranche. Le bombardement fut terrible; mais les Niçois résistèrent énergiquement, et, lorsque la première colonne d'assaut fut lancée contre la brèche du fort Saincaire (au N. du château), ils se défendirent avec tant de vigueur que l'attaque ne fut pas renouvelée. A la tête des assiégés combattait Catherine Ségurane ou la Segurana, la Jeanne Hachette de Nice, redoutable virago plus connue sous le nom de Maufaccia ou *Mauvaise face*. D'un coup de hache, elle abattit le porte-enseigne turc, et, secouant le drapeau conquis, encouragea ses compagnons à la victoire. Le siège terminé, on lui érigea une statue.

L'assaut avait été repoussé; mais les remparts de la ville n'étaient plus tenables. Après dix jours de siège, Nice se rendit, à la condition que les troupes françaises y entreraient seules. Mais une nuit les gens de Barberousse envahissent la ville qu'ils mettent au pillage, puis ils emmènent sur leurs galères 2500 captifs qui furent heureusement délivrés par l'amiral espagnol don Garcia. Quinze jours après, Barberousse cingla de nouveau vers Villefranche et s'empara de Montboron; mais il fut repoussé, et 2000 volontaires provençaux, qui avaient débarqué à Éza pour appuyer son mouvement offensif, furent tous pris ou massacrés par les milices du pays.

En 1550, la peste enleva 3534 habitants; en 1580, 5460 hab., soit environ le quart de la population.

En 1600, Nice eut à subir un nouveau siège. Le duc de Guise, à la tête de 12 000 Provençaux, attaqua la ville par deux fois; mais, au deuxième assaut, il manqua d'être pris et laissa son épée aux mains d'un Niçois. Cependant le manque de munitions obligea le gouverneur de la ville, Annibal Grimaldi, à capituler en offrant 8000 écus au duc de Guise.

En 1626, un édit de Charles-Emmanuel ouvrit les ports du comté à toutes les nations du monde, et y proclama la liberté illimitée des échanges. Les nobles briguèrent alors l'honneur d'être bourgeois et obtinrent par une ordonnance de 1627 le droit de se faire marchands sans déroger. Grâce à ce puissant dérivatif donné à l'ambition des nobles, Nice put maintenir longtemps son autonomie républicaine. Malheureusement les Niçois, comprenant mal la liberté commerciale, voulaient en réserver les avantages pour eux seuls. En 1672, ils déclarèrent la guerre aux Génois, parce que ceux-ci traçaient une route d'Oneglia vers les plaines du Piémont, et menaçaient ainsi le monopole des transports que Nice s'était arrogé. Mais les troupes de Nice, partout vaincues, durent battre en retraite et se réfugier jusque sous les murs de Sospel.

En 1691, Catinat, soutenu par la flotte du comte d'Estrées, vint mettre le siège devant Nice. A peine investis, les forts de Villefranche, de Montalban, de Saint-Hospice se rendirent. La ville elle-même ne tint pas longtemps; mais la garnison du château, commandée par le comte de Frossasco, se défendit à outrance. Catinat, habilement secondé par un ingénieur qui était natif de Nice, établit ses batteries aux mêmes endroits où Barberousse avait dressé les siennes un siècle et demi auparavant, et foudroya la forteresse. Averti par un déserteur, il dirigea le feu de ses bombes sur la grande poudrière qui se trouvait au-dessous du donjon, et tout à coup une terrible explosion, qu'on entendit à trente lieues de distance, renversa les tours, les murailles, l'arsenal, lança dans les airs 500 hommes de la garnison, en mutila 400, et envoya rouler des canons de rempart jusque dans la mer. Malgré ce terrible événement, les défenseurs laissés debout continuèrent leur défense héroïque; mais, trois jours après la première explosion, une autre poudrière sauta, et les débris de la garnison, composés de 800 hommes blessés ou malades pour la plupart, durent abandonner les ruines fumantes de la forteresse.

En 1696, le traité de Turin rendit Nice à la Savoie, et, dès l'année suivante, on travaillait à relever les murailles du château démantelé. Mais le pays ravagé put à peine jouir de quelques années de paix pour se préparer de nouveaux désastres. En mars 1705, le duc de la Feuillade passe le Var à la tête de plus de 20 000 hommes. Les forts de Villefranche, de Montalban et de Saint-Hospice capitulent à la première attaque, et les canons des Français sont tournés contre la ville. Le bombardement fut terrible. Après un mois de siège, le marquis de Caraglio, gouverneur de la ville, se renferma dans le château en rasant préalablement les constructions qui entouraient la citadelle. Grâce au départ du duc de la Feuillade et d'une forte partie de l'armée assiégeante, il se maintint plus de six mois dans le château sans être inquiété; mais, à la fin d'octobre, le duc de Berwick arriva devant la cité avec une nouvelle armée, et, le 6 janvier 1706, la garnison se rendit comme prisonnière de guerre. La place avait reçu 60 000 boulets et 6000 bombes. La

citadelle fut rasée jusqu'au sol, et les remparts de la ville furent complètement démolis. Berwick conserva seulement les forts de Villefranche, de Montalban et de Saint-Hospice.

En 1707, les troupes austro-sardes, commandées par le prince Eugène et par le duc Victor-Amédée II, entraient triomphalement dans Nice, tandis que les Français repassaient le Var. Quelques mois après, les Impériaux, chassés de Provence, traversaient de nouveau Nice comme un torrent. La ville et le comté de Nice ne cessèrent d'être occupés par les Provençaux qu'en vertu du traité d'Utrecht, en l'année 1713.

A la faveur de la longue paix qui suivit, le commerce et l'industrie prirent un grand développement. Une ville neuve fut bâtie par quartier sur les bords du Paillon. En 1735, une peste, qui fit 3000 victimes, interrompit le cours de cette prospérité croissante.

En 1744, les Français, commandés par le prince de Conti, et les Espagnols, sous les ordres du prince don Philippe, auquel on avait donné pour mentor le capitaine général Las Minas, s'emparèrent par force de la ville de Nice évacuée par les Piémontais et reconquirent tout le comté dont la capitale dut payer 170 000 livres de contribution de guerre.

L'occupation de Nice ne dura que deux années. Au mois d'octobre 1746, les Français et les Espagnols, que les Austro-Sardes suivaient à la course, abandonnaient précipitamment la ville et franchissaient le Var. Ce fut alors au tour des Impériaux d'envahir la Provence; mais cette invasion eut le même sort que les précédentes : l'armée vint se heurter inutilement contre les remparts de Toulon, et, le 12 avril 1747, elle rentrait, humiliée et amoindrie, dans le comté de Nice. A leur suite arrivèrent les Français; Nice fut occupée de nouveau, et de nouveau les forts de Montalban et de Villefranche s'empressèrent de capituler. Enfin la paix d'Aix-la-Chapelle fut signée, et les alliés franco-espagnols se virent obligés encore une fois de rentrer sur le territoire français.

La paix conclue, la ville de Nice reprit le cours de ses prospérités, et ne cessa de grandir en importance et en richesse jusqu'à la fin du XVIII° s. Mais, en revanche, ses libertés furent supprimées les unes après les autres par le pouvoir royal; en 1775, un coup d'État détruisit brutalement tout ce qui restait des anciennes franchises communales.

En 1792, à la suite d'une panique étrange qui se répandit parmi les troupes piémontaises et qui les fit s'enfuir jusqu'au col de Braus, Anselme, général de la République française, franchit le Var, occupa avec 5000 hommes et 6 pièces de campagne la ville de Nice et les forts voisins, tandis que le comté demandait et obtenait sa réunion au territoire français.

Pendant les années qui suivirent, la guerre ne cessa de sévir entre les détachements français et les montagnards ou *barbets*, qui étaient restés attachés avec ferveur à la religion catholique et professaient une haine traditionnelle contre les Provençaux et les Français. Des corps de troupes, se dirigeant vers Gênes et d'autres parties de l'Italie, traversaient Nice et suivaient la route du littoral. Masséna, Kellermann, Schérer, Augereau, Sérurier, Suchet, y passèrent tour à tour. Lors de la chute de Robespierre, le général Bonaparte était à Nice. Accusé d'appartenir au parti des terroristes vaincus, il fut consigné dans son logement sous la surveillance de deux gendarmes, puis transféré au fort d'Antibes ; le représentant Laporte leva les arrêts quinze jours après.

En 1800, les Français furent obligés d'évacuer le départ. des Alpes-Maritimes, en laissant après eux un terrible typhus qui coûta la vie à plusieurs milliers d'habitants. Le général Mélas fit son entrée dans Nice, où il rétablit l'ancien ordre de choses ; mais, après avoir essayé vainement de forcer le passage du Var, il fut rappelé en toute hâte vers Turin, et battit en retraite, poursuivi par Suchet. Depuis cette époque jusqu'en 1814, la possession des Alpes-Maritimes ne fut plus disputée à la France ; toutefois le blocus continental, l'inscription maritime et la conscription militaire, le séjour de la reine d'Étrurie, internée à Nice, y rendirent le gouvernement impérial très peu populaire, et ce fut avec une explosion de joie que les Niçois acclamèrent, en 1814, leur nouvelle annexion aux états sardes.

Après les événements qui suivirent la dernière guerre d'Italie (1859), l'empereur Napoléon III réclama du roi Victor-Emmanuel II la cession de la Savoie et de l'arrondissement de Nice. En vertu d'un traité conclu entre les deux souverains, les populations intéressées furent appelées à exprimer leur sentiment sur ce changement de domination. Le nombre des votants inscrits dans l'arrondissement de Nice (*circondario di Nizza*) était de 30 706 ; 25 933 furent favorables à l'annexion. En conséquence,

l'ancien comté de Nice, auquel a été réuni l'arrondissement de Grasse, distrait du Var, est devenu le départ. français des Alpes-Maritimes. Nice en est le chef-lieu en même temps que le siège d'un évêché suffragant de l'archevêché d'Aix.

Nice a vu naître : Jean Galléan, armateur du xve s.; le peintre Carle Vanloo, fils d'un charpentier hollandais ; Ludovico Brea, autre peintre, qui fut le chef de l'école génoise au xvie s.; son fils, Francesco Brea ; le marin Joseph Bavastro ; les peintres Joseph Castel et Aubry, celui-ci élève de Girodet ; le savant naturaliste Antoine Risso ; l'économiste Blanqui ; le maréchal Masséna et Garibaldi.

La ville, ses monuments et ses promenades.

En arrivant à Nice par le chemin de fer, on tourne à g. pour gagner *l'avenue de la Gare*, qui conduit directement à la place Masséna, rendez-vous des étrangers. Dans cette avenue, on rencontre d'abord à dr. *l'église Notre-Dame de Nice*, la plus remarquable de la ville par son architecture : c'est une construction néo-gothique, bâtie d'après les dessins de M. Charles Lenormand et dominée par deux tours hautes de 65 mét. Au delà de *l'hospice de Charité* (à g.), on croise un boulevard portant, à g., le nom de *boulevard Dubouchage* (il se prolonge jusqu'au quartier de Carabacel), à dr. celui de *Victor-Hugo* ; sur ce dernier s'embranche, à son entrée à g., la *rue Longchamp*, où l'on peut visiter t. l. j., de 2 h. à 5 h., un curieux édifice, le *temple russe*. Sur le boulevard Victor-Hugo (anciens boulevards Longchamp et de la Buffa) on remarque une salle de concerts et de conférences appelée l'*Athenæum*. A l'angle du boulevard Victor-Hugo et de l'avenue de la Gare s'élève le grand hôtel des Iles-Britanniques. On croise la *rue Pastorelli*, où se trouve le *cirque*. Plus loin, à g., s'ouvre la *rue Garnieri*, rue dans laquelle est le *Théâtre-Français* (n° 19 bis) ; à dr., la rue qui continue la rue Garnieri, s'appelle la *rue du*

Temple; le café-concert qui s'y trouve est le plus fréquenté de la ville. A partir de la rue du Temple, l'avenue de la Gare offre, comme la place Masséna, de belles maisons bordées d'arcades, sous lesquelles sont de beaux magasins, des cafés, notamment celui de la Victoire.

En débouchant sur la **place Masséna** par l'avenue de la Gare, on voit s'ouvrir à g. la *rue Gioffredo (église évangélique,* au nº 50) et le quai Saint-Jean-Baptiste, à dr. le *quai Masséna* et la *rue Masséna,* qui, plus loin, sous le nom de *rue de France* (au nº 5, Halévy est mort au mois de mars 1862), traverse le *faubourg de la Croix-de-Marbre (église du Sacré-Cœur,* des missions africaines), parallèle à la promenade des Anglais. Ce faubourg, comme une grande partie du quartier qui s'étend à l'O. de l'avenue de la Gare, n'est pas bâti en entier.

De la place Masséna, on aperçoit : à g., le **Casino municipal,** où est installé le *Cercle Masséna,* le plus fréquenté par la colonie étrangère (bals toutes les semaines); en face, le *Pont-Neuf* (1825), qui fait communiquer les places Charles-Albert et Masséna; à dr., le jardin public. Le Casino est bâti sur des voûtes qui recouvrent en partie l'embouchure du Paillon et sur lesquelles seront aussi dessinés des jardins.

Le **Paillon** « est bien le type le plus saisissant de ces torrents indisciplinés des Alpes, presque toujours à sec, qui sert de champ d'étendage et de séchoir à toutes les blanchisseuses de la ville et où l'on ne voit de l'eau que tous les dix ans sous forme de cataractes et de déluge d'inondations. » Il sépare de la ville moderne les deux villes du moyen âge et du XVIIIe s.

La pointe que forment la rive dr. du Paillon et le bord de la Méditerranée est occupée par les allées et les beaux massifs d'arbustes du **Jardin Public.** Cette promenade, plantée de magnifiques palmiers, est le rendez-vous de la foule élégante, surtout dans la soirée, quand la musique s'y fait entendre. Dans la partie la plus rapprochée du Paillon on remarque un myrte colossal. A l'extrémité méridionale commence la belle **promenade des Anglais,** ainsi appelée parce que, dans l'intention de donner du travail aux indigents, la colonie britannique de Nice en fit ouvrir une partie pendant les hivers de 1822, de 1823 et de 1824. Des hôtels publics et privés, d'une architecture élégante, notamment le Cercle de la Méditerranée, s'élèvent sur ce quai magnifique, large de 26 mèt., qui longe le bord de la mer sur un espace de 2 kil., de l'embouchure du Paillon à celle du Magnan. Le *Cercle de la Méditerranée* renferme une grande salle de bal et de concerts, des salles de conversation, de jeux, de lecture (200 journaux). Le plafond de la salle principale est décoré d'une belle fresque allégorique de M. Cotta.

Une *jetée promenade,* qui s'avance d'env. 100 mèt. dans la mer et qui comprenait un *palais de Cristal* et des *bains de mer* couverts, incendiés en 1883 (avant leur achèvement) a été construite en face du jardin public, sur la promenade des Anglais.

A l'angle S.-E. du Jardin public, le beau *pont des Anges,* a l'embouchure même du Paillon, unit la promenade des Anglais au *boulevard du Midi.* A l'extrémité rive g. du pont s'étend à dr. la *place* ou *square des Phocéens,* plantée de palmiers et d'autres végétaux exotiques et au milieu de laquelle s'élève une gracieuse *fontaine,* œuvre de sculpture grecque donnée par un empereur de Constantinople à un Lascaris de Ventimiglia. Cette place occupe la pointe extrême O. du quartier qu'on pourrait appeler la *ville du* XVIIIe s., parce qu'il a été construit en grande partie à cette époque, au S. et à l'O. de la vieille ville, entre le Paillon et la grève.

La *rue Saint-François-de-Paule,* qui commence à la place des Phocéens et se prolonge sur une distance de 300 mèt., parallèlement à la mer, est la plus belle de Nice; elle est pavée de grandes dalles. On remarque d'abord dans cette rue, à dr., le bureau principal de la *Poste;* à g., l'*hôtel de ville* (dans la cour, groupe en marbre, *Oreste et Minerve,* par Hugoulin) et l'*église Saint-Dominique,* renfermant un tableau (la Communion de saint Benoît) attribué à Carle Vanloo; à dr. : le *théâtre Municipal* incendié en 1881 et reconstruit depuis (élégante façade ornée de 6 colonnes de marbre rouge; n° 2) la *bibliothèque de la ville* (ouverte t. l. j., excepté le dimanche, de 9 h. à 4 h.) très riche en ouvrages de théologie (60000 vol. et quelques inscriptions); n° 8, le *musée de peinture* (ouvert de 9 h. à 5 h., jusqu'à 4 en hiver). Au delà, la rue Saint-François-de-Paule s'élargit, et se continue par la *promenade du Cours,* où se tient le matin un marché animé.

C'est au Cours que, pendant le carnaval, les batailles à coups de *confetti* ou *coriandoli* se livrent avec le plus d'acharnement. Les artilleurs choisissent pour citadelle la terrasse basse de la *maison Visconti,* établissement littéraire (grands salons de lecture) recevant tous les journaux français et étrangers et possédant une bibliothèque composée de 37 000 volumes.

« Des chars garnis de banderoles et de feuillage s'avancent lourdement comme les éléphants de Pyrrhus; ils s'arrêtent devant la tour Malakoff de Visconti; une lutte acharnée s'engage aussitôt pour quelques minutes. Les combattants ont abaissé leur visière, sorte de grillage en menus fils de fer qu'on vend pour la circonstance. De petits bouquets, des *confetti,* des *fagiuoli,* des *ciceri,* des papillotes, des pralines montent, descendent, se heurtent, crépitent comme la grêle sur les armures des chevaliers. Il pleut des épigrammes, il jaillit des sarcasmes. La mitraille jetée d'en haut, lancée d'en bas, à pleines mains, à pleines écopes, à plein sac, se répand dans l'air ainsi que les flèches chez les Parthes. » (Émile Négrin.)

Sur le Cours s'ouvre à g. la *place de la Préfecture,* où s'élèvent l'*église de la Miséricorde* (diptyque du XIVᵉ s. par Johannes Miratheli) et le *palais de la Préfecture,* restauré et agrandi depuis l'annexion. Dans la *rue de la Préfecture,* où est mort Paganini (maison n° 14), on voit quelques arcades adossées aux murailles de l'*église Saint-Jacques.* L'étroit espace compris entre ces arcades était autrefois réservé aux nobles, qui avaient seuls le droit d'y danser pendant le carnaval; aujourd'hui il est occupé par des bazars.

Le Cours est séparé du *quai du Midi* par deux rangées de maisons très basses, au-dessus desquelles se prolongent deux **terrasses** bitumées, de 250 mèt., servant de promenades et commandant une vue admirable sur la baie. Ces terrasses, longtemps considérées comme la merveille de Nice, sont maintenant délaissées. De même, le quartier des *Ponchettes,* qui se prolonge à l'E. des terrasses, entre la mer et le rocher du Château, est assez peu fréquenté; cependant c'est incontestablement la partie de Nice la plus pittoresque et la plus chaude. Là se termine brusquement la grève uniforme et s'élève une abrupte falaise à la base percée de grottes. Au-dessus se dressent les escarpements à pic que couronne le château.

Le monticule auquel on donne le nom de **Château,** bien qu'il reste à peine quelques traces de la formidable citadelle qui fut jadis le boulevard de l'Italie, est sans contredit la principale curiosité de Nice. Trois chemins mènent à ce rocher. Le plus court, pour les habitants des deux quartiers, est la rue du Château, qui commence dans la vieille ville et

Promenade des Anglais à Nice.

gravit directement la pente O. de la colline, en laissant à g. l'enclos du cimetière (tombeau de Gambetta et monument élevé aux victimes de l'incendie de 1881). Toutefois on monte d'ordinaire au Château par l'avenue Éberlé, place Garibaldi. Des aloès, des cactus, des agaves américaines bordent les allées sinueuses qui ont remplacé les remparts; çà et là s'élèvent quelques dattiers et des palmiers *chamærops*. Du sommet de la terrasse (96 mèt. d'altit.) dominant la puissante cascade, alimentée par les eaux de la Vésubie, qui entretient une délicieuse fraîcheur sur le plateau et ses pentes boisées, on contemple un panorama d'une indescriptible beauté. A ses pieds, on voit s'étaler toute la ville de Nice entourée d'une ceinture de jardins et de vergers; au delà s'arrondit le triple amphithéâtre des montagnes. La grosse tour ronde au S. de la plate-forme est la *tour Bellanda*, qui, d'après la tradition, aurait été bâtie au vᵉ s. Cette tour appartient au propriétaire de la *Pension suisse*, qui en a fait un belvédère. Un puits ayant 50 mèt. de profondeur, creusé dans le roc vif, a été voûté en 1830 « pour cause d'infanticides. »

A la base orientale du rocher du Château s'étend un faubourg dont bien des étrangers qui passent rapidement à Nice ne peuvent pas même soupçonner l'existence : ce faubourg est celui du *Port* (on peut s'y rendre directement par un omnibus qui stationne place Masséna). Le port forme une ville à part, et n'est réuni directement aux autres quartiers de Nice que par la rue Ségurane, aboutissant à la place Garibaldi, et par le *chemin des Ponchettes* (au n° 15 de la rue des Ponchettes, collection d'insectes et de reptiles appartenant à M. Bruyat), taillé sur le bord de la mer dans la roche du promontoire. Ce chemin, aux beaux points de vue, est le plus pittoresque de Nice. La brise violente qui souffle parfois sur ce cap lui a

fait donner le nom populaire de *Raouba-Capeou* (emporte-chapeau). A l'extrémité orientale de la promenade s'élève une *statue* de marbre blanc, érigée en 1826 et représentant le roi Charles-Félix rendant à Nice la franchise du commerce.

Sur la plage qui s'étend à l'E. du port, une ou deux rangées de maisons et plusieurs villas éparses forment le quartier connu sous le nom du *Lazaret*, à cause d'un ancien établissement de ce genre. C'est là que les Niçois viennent de préférence prendre des bains de mer pendant la saison d'été. Le *boulevard de l'Impératrice-de-Russie* longe le bord de la Méditerranée et va finir à la *Réserve*, à la base du Montboron. En cet endroit les falaises sont percées de nombreuses cavernes, dont l'une, située à 28 mèt. de hauteur, longue de 27 mèt. et large de 15 mèt. environ, a dû servir certainement de tanière à des bêtes sauvages, puis de demeure à des hommes, car on y a trouvé de nombreux fossiles et divers débris de l'âge de bronze.

La *rue Cassini* relie le port au *square* ou *place Garibaldi*, l'ancien *campus Martius* (*Cammas*) des Romains, carré entouré de grandes maisons à arcades. Là viennent se joindre trois des principales artères : le *boulevard Garibaldi*, dont les allées ombragées de platanes longent la rive g. du Paillon; la *rue Ségurane*, qui suit la base orientale de l'abrupte colline du Château jusqu'au port; enfin l'interminable *rue Victor*, qui se dirige parallèlement au cours du Paillon pour se continuer par la route de Turin, et où se trouve l'*hôpital de la Croix*, ouvert en 1636 par la confrérie des Pénitents blancs, de nos jours encore administré par cette confrérie, composée presque uniquement d'ouvriers et de petits bourgeois. Les Pénitents bleus ont aussi fondé divers établissements de bienfaisance. Sur la place Garibaldi, on peut visiter (au n° 6) l'herbier célebre de M. Barla et (au n° 26) le muséum d'histoire naturelle, ouvert les mardis, jeudis et samedis, de 2 h. à 3 h. Cédé à la ville en 1846 par M. Vérany. il comprend deux salles remplies d'animaux empaillés (plus de 1800 oiseaux, dont 900 exotiques), de mollusques, de fossiles, d'échantillons de roches, de minéraux, de champignons. Cette dernière collection, offerte par M. Barla, est une des plus belles, sinon la plus belle de l'Europe.

La place Garibaldi est à l'extrémité septentrionale de la *vieille ville*, qui forme à la base O. du rocher du Château une espèce de long triangle, limité au S. par la promenade du Cours, et à l'O. par le lit pierreux du Paillon. La vieille ville a presque entièrement gardé son aspect d'autrefois. Comme dans toutes les antiques cités du littoral, quelques rues sales et tortueuses y escaladent de degré en degré les premiers escarpements de la colline; d'autres rues, plus régulières, plus propres et pavées en larges dalles, se développent en pentes assez douces; mais elles sont pour la plupart très étroites et les voitures s'y engagent rarement. On remarque dans la vieille ville les églises Sainte-Réparate et de la Croix, l'ancien hôtel de ville et le palais des Lascaris.

Sainte-Réparate a été bâtie en 1650, en remplacement de l'ancienne cathédrale; c'est un grand corps de bâtiment décoré à l'intérieur avec une profusion de mauvais goût.

Dans l'*église de la Croix*, on remarque une tête du Père Éternel, par Vanloo. L'*ancien hôtel de ville*, construction d'un style bizarre (belle façade du xviiiᵉ s.), située sur la petite place Saint-François, est affecté à divers services municipaux, notamment au tribunal de Commerce et à la caisse d'épargne. La *tour de l'Horloge*, qui s'élève à côté, est l'ancien clocher du couvent de Saint-François. L'ancien *palais des Lascaris* est

construit dans le style des grands palais génois du xviiᵉ s., mais avec moins de splendeur : on y remarque des plafonds peints par les frères Carlone; de belles cariatides dans une alcôve, et de beaux escaliers de marbre.

La place Garibaldi communique par le *pont Garibaldi* avec le *quai Saint-Jean-Baptiste*, où se voient à dr. l'*église Saint-Jean-Baptiste* (toile allégorique de M. Hauser, représentant l'*Ange de la mort passant au-dessus de Nice sans frapper*), et le *lycée*, où les botanistes peuvent visiter « le plus beau *melaleuca linearifolia* de l'Europe. » (E. Négrin.) Le petit lycée est à Carabacel. En suivant à g. le quai Saint-Jean-Baptiste pour regagner la place Masséna, on laisse à g. le *Pont-Vieux* (1531), puis le *square Masséna* (*statue en bronze de Masséna*), qui traverse le Paillon sur des voûtes en pierre.

Dans la banlieue de Nice on peut visiter : dans la villa Bermond, au quartier Saint-Philippe, une *chapelle* (riche ornementation), érigée en souvenir du grand-duc héritier de Russie, Nicolas Alexandrowitch, mort à Nice le 24 avril 1865 ; — la collection de géologie et d'histoire naturelle léguée par le savant Antoine Risso à son neveu M. J.-B. Risso, dans le quartier Saint-Roch; — l'Observatoire du Mont-Gros (*V.* ci-dessous, page 24).

Au N. de la ville et non loin du coteau de Cimiès, l'*hôpital civil* est une vaste et belle construction à plusieurs ailes.

Industrie et commerce.

L'olivier, dit M. Roubaudi, forme la principale richesse de Nice et des environs. Les mûriers, les caroubiers sont aussi cultivés dans les environs de Nice; mais après l'olivier c'est l'oranger qui livre au commerce les produits les plus importants. Risso compte 180 variétés et sous-variétés de *citrus* cultivées dans les Alpes-Maritimes pour leurs fruits ou seulement par intérêt de curiosité. La vigne, disposée généralement en longues rangées alternant avec des arbres fruitiers ou des plates-bandes de légumes, occupe aussi une grande partie du territoire. Les vins rouges et blancs les plus généreux de la contrée sont ceux qui proviennent des vignobles de Bellet, de Saint-Martin-du-Var, et de toute cette chaîne de collines nues et caillouteuses qui se prolonge parallèlement à la rive g. du Var inférieur.

L'industrie proprement dite est peu considérable. Les principales fabriques sont les parfumeries, les distilleries et les huileries. La fabrication des meubles et la marqueterie sont aussi des branches de l'industrie niçoise. L'atelier de tabletterie le plus connu est celui de M. Gimelle, rue du Pont-Neuf, 3 ; il date de 1823. — Nice possède aussi une usine à vapeur pour la préparation des fruits confits, une savonnerie, des tanneries et une manufacture de tabacs située en dehors de la ville, au N. de l'ancienne route de Villefranche ; plusieurs centaines d'ouvriers des deux sexes travaillent dans cet établissement renommé pour la supériorité de ses cigares. Les autres industries sont locales : il suffit de citer la pêche et l'exploitation des carrières.

Le commerce de Nice, presque uniquement maritime, se borne à l'exportation de l'huile et autres denrées agricoles du pays et à l'importation des marchandises nécessaires à la consommation locale.

Le port, connu sous le nom de **Limpia** (pur), à cause des eaux de sources qui viennent se jeter dans le bassin septentrional, occupe une superficie de 5 hect. (quatre bassins) ; il est abrité de la manière la plus parfaite contre tous les vents dangereux. On vient de l'agrandir du côté de la mer en prolongeant le môle du S., et son bassin N. doit être également agrandi. Le tirant d'eau, qui était de 4 mèt., a été approfondi à 6 mèt. à l'intérieur, à 7 mèt. à la passe. Le mouvement du port en 1882 a été, à l'entrée, de 697 navires jaugeant ensemble 89 892 tonneaux ; à la sortie, de 683 navires et 102 141 tonneaux. Comme importance commerciale, Nice est le troisième port de la Méditerranée.

Ce port est signalé la nuit par quatre feux : 1° sur l'extrémité du môle extérieur prolongé, feu fixe blanc de 5° ordre à éclats rouges de 30 en 30 secondes, portée 13 milles ; 2° et 3° à l'extrémité du môle vieux et sur le môle neuf, vis-à-vis de la Santé, feux fixes rouges ; 4° au commence-ment du môle, à g. en entrant dans la rue Rouba-Capeou, feu fixe vert.

Nice fait un grand commerce de fleurs. De nombreux horticulteurs en expédient dans tous les pays.

Villas et jardins.

La plaine, les petites vallées, les collines, les péninsules qui entourent la cité de Nice sont parsemées de villas à plusieurs lieues à la ronde. D'un point élevé, tel que le Château, on ne voit que des maisons éparses, assez rapprochées en certains endroits pour former de véritables villages. Les rochers eux-mêmes sont couronnés de maisons de plaisance. Plusieurs jardins de la campagne de Nice sont gracieusement ouverts au public, et quelques formalités de politesse suffisent pour forcer les portes de la plupart de ceux dont l'entrée n'est pas absolument libre. Cependant, depuis l'annexion, nombre de propriétaires jaloux ont affiché sur les murs des formules menaçantes.

Il serait fastidieux d'énumérer toutes les villas des environs de Nice qui méritent d'être remarquées, soit par quelques détails ou l'originalité de leur architecture, soit par la beauté de leurs jardins, ou la splendeur de leurs points de vue ; c'est par centaines qu'on peut les compter. Qu'il suffise de citer ici quelques-unes des principales maisons de plaisance.

L'une des plus fastueuses, et celle qui fixe le plus le regard dans l'ensemble du paysage niçois, est la *villa Smith*, appartenant à M. le comte Gurowski de Wezele. Elle occupe une position magnifique, à l'extrémité méridionale du promontoire de Montboron, et commande une admirable vue de Nice ; mais elle est bien l'un des échantillons les plus ridicules du style baroque, mélange de gothique, de sarrasin, d'anglais et de rococo. Au-dessous, des jardins suspendus, taillés à grands frais dans le

Thuillier del.   Echelle: Lith. Vieillemard et ses Fils, Boulevard de Port-Royal 87, Paris

11 - 86

rocher, descendent de terrasse en terrasse jusqu'à la mer. Toutes les villas situées sur le Montboron et sur le versant de Montalban, la *villa Frémy*, la *villa Haussmann* (au prince Kotschoubey), la *villa Jardel*, la *villa Vigier*, la *villa Sardou*, aux jardins soutenus par des murs gigantesques, offrent de beaux points de vue; mais il faut descendre dans la plaine et traverser le Paillon pour trouver les jardins qui ont valu à Nice sa célébrité. A Cimiès, on remarque la *villa Maria-na* et le *château de Torre Cimella*; à Carabacel, la *villa Massingy*. Près de l'abbaye de Saint-Pons, sur le revers oriental de la colline de Cimiès. ce sont d'abord les bosquets d'orangers de la *villa Clary*, devenus classiques dans l'histoire de l'horticulture; puis viennent les *villas du comte de Chambrun*, *Von Derwies* avec ses magnifiques jardins; *Cessoles, Arson, Châteauneuf*, éparses sur les hauteurs au milieu des oliviers. Plus loin, dans la plaine et près du chemin de fer, se trouve la *villa Bermond* (monument du grand-duc de Russie), autour de laquelle croissent en forêt des milliers d'orangers productifs et d'autres arbres fruitiers. A l'O., se montre la *villa Rosy* avec ses jets d'eau, ses cascades, ses grottes, ses ruines artificielles, et sa belle serre où fleurit la *victoria regia*. A côté se trouve la *villa Maurel*, ancienne propriété d'Alphonse Karr. Enfin les belvédères, les chalets, les jardins de la *villa Gambard* (ancienne propriété Gastaud), recouvrent, au N. du chemin de fer, une longue croupe que séparent de la plaine plusieurs terrasses flanquées de hautes murailles semblables à des bastions. Nombre de villas, qui naguère se trouvaient encore dans la campagne, sont déjà englobées dans Nice grandissante : telles sont la *villa Stirbey*, la *villa Starzinski* et la *villa Avigdor*, sur la promenade des Anglais.

EXCURSIONS

Villefranche.

4 kil. par le chemin de fer ; 50 c., 40 c., 30 c. — 6 kil. par la route neuve ; voit. publiques, 30 c. — 4 kil. par l'ancienne route (trajet à pied).

La nouvelle route ou route de Monaco (*V.* ci-dessous), contournant par une pente douce le promontoire de Montboron, laisse à g., au delà de la villa Smith, la nouvelle route forestière, passe derrière le *château Chauvin* (à dr.) et longe la rade de Villefranche.

L'ancienne route (1 h. à pied) passe devant la manufacture des tabacs et gravit directement la rampe très inclinée du col Montboron (villas).

Villefranche, ch.-l. de c., V. de 3489 hab., a été bâtie au commencement du xive s. par Charles II d'Anjou, qui lui octroya la franchise du commerce afin d'y attirer des habitants; telle fut l'origine du nom de *Cieutat franca* (Villefranche).

Ayant toujours été presque uniquement une place de guerre, Villefranche n'offre d'autres curiosités que ses travaux de défense et ses établissements militaires. Près de la mer, une tour pittoresque se dresse sur un écueil. A l'O., le *fort* couvre la partie inférieure de la colline. Plus loin l'*arsenal*, l'ancien *bagne* et le *lazaret* bordent le rivage occidental du golfe. La ville, resserrée entre la mer et la montagne, n'a d'autre monument qu'une église de style italien, décorée avec mauvais goût. Les maisons, très dégradées pour la plupart, sont bâties les unes au-dessus des autres comme de grands degrés de pierre; les rues non parallèles au rivage sont des escaliers pénibles à gravir; la ville tout entière, comme suspendue au flanc de la montagne, offre les aspects les plus pittoresques. Mais si Villefranche n'est pas commodément située pour ceux qui aiment les pentes douces et les promenades horizontales, en revanche elle jouit d'un climat exceptionnel. Les citronniers croissent avec beaucoup de vigueur et mûrissent plus tôt leurs fruits que ceux des villas niçoises. Les dattiers y prospèrent aussi.

La rade de Villefranche, qui se déploie dans une profonde échancrure de la côte entre le promontoire de Montboron, à l'O., et la péninsule de Saint-Jean, à l'E., a plus de 2 kil. de longueur sur une largeur moyenne de 1 kil.; son étendue est d'environ 350 hect. La profondeur du bassin, qui varie de 10 à 25 et même à 50 mèt., en permet l'accès aux navires de tout tonnage et aux plus grands bâtiments de guerre; la tenue des navires y est assez bonne; cependant, quand le vent souffle directement du S., les vagues du large viennent se dérouler jusqu'à l'extrémité de la rade, sur les quais de la ville. Alors les vaisseaux se réfugient dans la darse qui borde les diverses bâtisses de l'arsenal, et qu'un môle sépare de la rade. Des batteries, élevées sur les deux promontoires, gardent l'entrée du golfe. Sur la terrasse de la Santé brille la nuit un feu fixe rouge, et sur l'extrémité du môle de la darse un feu fixe vert. « La rade de Villefranche est surtout une rade hospitalière et de plaisance. Les vaisseaux de toutes les nations viennent y séjourner, et l'on donne souvent à bord des bals très suivis par la société de Nice. »

Sur la plus haute colline de la péninsule de Saint-Jean (sémaphore), appelé le *Cauferrat* ou *cap Ferrat* (cap de Fer), se dresse un phare tournant (de 30 en 30 secondes) de deuxième ordre, de 22 milles de portée.

Sur les quais de Villefranche, les bateliers se pressent autour des étrangers pour les engager à faire une promenade au milieu du golfe, ou bien à se rendre par mer à Nice, à Saint-Hospice, à Saint-Jean, à Monaco. Toutes ces courses sont réglées par un tarif assez compliqué, dont les voyageurs feront bien de demander communication aux bateliers, s'ils ne veulent pas s'exposer à payer des prix trop élevés.

Beaulieu, la Petite-Afrique, les péninsules de Saint-Jean et de Saint-Hospice.

Chemin de fer de Nice à Beaulieu (6 kil., 6 trains par jour, en 15 min.; prix : 70 c., 55 c., 45 c.). — Omnibus pour Saint-Jean, 60 c.

A l'E. de Villefranche et de sa rade s'allonge, à 4 kil. en mer, une presqu'île dont les contours et le relief forment un ensemble admirable. Les montagnes de la Corniche, qui partout ailleurs inclinent brusquement leurs pentes vers le rivage, s'affaissent par degrés et projettent dans la Méditerranée une étroite langue de terre que recouvre une belle forêt d'oliviers. Au S. de cet isthme peu élevé, le sol de la péninsule de Saint-Jean se renfle de nouveau et se redresse en collines de forme arrondie pour se terminer soudain par les escarpements et les falaises du *cap de Fer* ou *Malalingua* (cap Mauvais). A l'E., un autre promontoire, semblable à une miniature de la grande presqu'île, s'en détache à angle droit et se développe parallèlement au rivage du continent sur une longueur de 1 kil. environ.

En 30 min., on peut se rendre de Villefranche à Beaulieu par la nouvelle route de Monaco (*V.* ci-dessous), qui contourne l'extrémité de la rade (belle vue), laisse à dr. une route conduisant à Saint-Jean, et passe sur le flanc de la montagne entre des haies de géraniums, au-dessus de la belle forêt d'oliviers qui recouvre l'isthme à la racine de la péninsule. Plusieurs des arbres qui composent cette forêt sont d'une grosseur gigantesque. L'un d'eux, situé près du ham. de Beaulieu, offre, d'après Émile Négrin qui l'a mesuré lui-même, une circonférence de 7 mèt. 30 à la hauteur de

Villefranche.

1 mèt. 15 du sol. Au-dessus de terre, les saillies des racines accroissent encore ces énormes dimensions. Autour de ce doyen de la forêt s'étendent des plantations de violettes de Parme.

Beaulieu est un groupe de maisons occupant une position des plus charmantes, entre deux baies, à l'extrémité d'un promontoire qu'ombragent des oliviers et que défend une redoute. En 1874, a été ouvert un boulevard-promenade, de chaque côté duquel s'élèvent des villas. Au N. est une anse arrondie que l'on suit pour atteindre la base des rochers escarpés de la **Petite-Afrique**, ainsi nommée à cause de la température tropicale produite en cet endroit par la réverbération des rayons solaires sur les parois rougeâtres de la montagne. Un sentier très fatigant escalade ces rochers et rejoint, par la crête de l'Olivetta, la route de la Corniche et le chemin d'Eza (*V.* ci-dessous, p. 288).

De Beaulieu, on peut se rendre en 40 min. à **Saint-Jean** par un chemin très agréable qui longe la mer. C'est le rendez-vous des canotiers et des mangeurs de bouillabaisse (port éclairé par un feu fixe rouge). A 200 mèt. au S. de Saint-Jean, le rivage de la péninsule est échancré par deux charmantes petites baies qu'ombragent les branches des oliviers.

15 min. de marche suffisent pour se rendre de Saint-Jean au cap de Saint-Hospice, d'où l'on voit se dresser, au N. et à l'E., le Baous-Rous, la montagne d'Éza, le rocher de Monaco, la Tête-de-Chien et le Mont-Agel; on voit les courbes du rivage jusqu'à Bordighera. Suivant la légende, le cap **Saint-Hospice**, appelé aussi *Sans-Souspir* par les marins, doit son nom à un ermite qui vivait au VIe s. Il ne reste plus que des ruines du fort. Les seules constructions anciennes de la presqu'île sont une petite tour, une chapelle et quelques remparts.

Route de Monaco.

21 kil. — Services de voit. publiques (place, 3 fr.); 2 départs par jour. — Voitures à 1 chev. et à 2 chev. (pas de tarif; on traite de gré à gré; convenir du prix à l'avance).

Cette route, ouverte dans son parcours entier au mois de novembre 1881, est une des plus charmantes promenades que l'on puisse faire aux environs de Nice. On a tout le temps la vue de la mer.

Au delà de Villefranche et de Beaulieu (*V.* ci-dessus), la route, passant au pied des rochers de la Petite-Afrique, longe la mer à dr., traverse dans un court tunnel les rochers du cap Roux et croise le chemin de fer sur un pont. On aperçoit Éza perché sur son rocher. Bientôt la route s'élève et domine la mer, puis elle contourne un vallon dont elle franchit le torrent sur une arche élevée. La construction de la route en cet endroit a nécessité de grands travaux. Au delà de 2 tunnels percés dans le *cap d'Aggio*, la route descend à la station de la Turbie, d'où se détache à g. la route du village. On continue à descendre et l'on atteint bientôt Monaco (*V.* ci-dessous).

Le Mont-Gros, le Vinaigrier, Montalban et Montboron.

Ces divers sommets (vues admirables) sont les points culminants de la chaîne de hauteurs qui se dresse à l'E. de Nice et de la vallée inférieure du Paillon.

Sur le **Mont-Gros** a été construit, à 370 mèt. d'altit., dans un parc de 500 hect., par M. Charles Garnier, un observatoire dû aux libéralités de M. Bischoffsheim; il comprend un corps de logis central, renfermant la bibliothèque, et deux ailes : celle de g. est occupée par le personnel, celle de dr. par le directeur. Sept constructions, suffisamment éloignées les unes des autres, contiennent : un pavillon météorologique, un petit équatorial, une installation spectroscopique, une petite méridienne, une grande méridienne, un grand équatorial et un pavillon magnétique.

Le Mont-Gros se prolonge vers le N. et s'abaisse pour former la crête du *mont Saint-Aubert*, contourné à sa base par la route de Turin et à mi-flanc par la route de Gênes. — Trois chemins mènent de Nice au sommet du Mont-Gros. — 1° Après avoir suivi la route de Gênes jusqu'à un gros caroubier, on monte à dr. vers un petit groupe de maisons, d'où un chemin d'abord pavé (incliner toujours au N.) monte à la *ferme Bonfils* sur la route de Gênes ; de là on s'élève en 20 min. jusqu'au sommet (2 h. de Nice). — 2° Un chemin appelé *traverse Saint-Charles* se détache de la route de Gênes à la chapelle de l'Assomption, au delà du gros caroubier, et monte directement à la ferme. — 3° On peut contourner, par la route de Gênes, le Mont-Gros jusqu'au premier chemin carrossable à dr. ; c'est le chemin de la ferme. Par cette voie on peut aller en voiture jusqu'au sommet.

Le **Vinaigrier** (370 mèt.), qui doit son nom, dit la chronique locale, au mauvais vin qu'on y obtenait jadis, s'élève au S. du Mont-Gros. Il a trois sommets : le *Vinaigrier* proprement dit, le *Conteu*, le *Castelet*. On y monte en 1 h. 30 par l'ancienne route de Gênes, qui gravit directement le versant O. de la montagne. Par la nouvelle route, qui fait un grand détour, il faut compter 2 h. 30 à 3 h. Du Vinaigrier on peut descendre, soit directement à l'O. à la villa de la Tour sur la route de Gênes ; soit à l'E., par l'*auberge des Quatre-Chemins*, le vallon de la *Murta*, à (1 h. 10) Villefranche (*V.* ci-dessus).

Pour gagner la crête du **Montalban** (330 mèt.), il faut prendre l'ancienne route de Villefranche, et s'élever à dr. dans la direction du *fort carré* (1 h. 5) qui couronne la montagne. La croupe qui se prolonge au S. du Montalban et que contourne la nouvelle route de Villefranche est le *Montboron* (290 mèt.), dont le nom rappelle peut-être l'existence d'un ancien fraxinet des Sarrasins (*mons Maurorum*), et dont le sommet est couronné par un ancien *moulin à vent* utilisé par l'administration forestière. Il faut 30 min. pour se rendre du fort Montalban au Montboron par la nouvelle route forestière. Les croupes supérieures du Montalban et du Montboron, naguère complètement nues, sont maintenant reboisées. Sur ce dernier seulement, 65 hect. ont été livrés aux travaux de reboisement (pin maritime, pin d'Alep, caroubier, olivier, etc.). Près du moulin, autour d'un vaste bassin creusé pour recevoir les eaux pluviales, sont disposés des bancs de pierre et des sièges rustiques pour les promeneurs. En cet endroit, bien abrité des vents par un banc de rochers, ont été plantées, à titre d'essai, diverses essences exotiques et indigènes.

La nouvelle **route forestière**, qui s'ouvre derrière la villa Smith, aboutit au col de Villefranche et relie ainsi la nouvelle route de Villefranche à l'ancienne. Il faut 1 h. pour la parcourir à pied. C'est une des plus belles promenades qu'on puisse faire en voiture aux environs de Nice. On y découvre de très belles vues.

Abbaye de Saint-Pons.

50 min. — Route de voitures.

Ce monastère est un grand édifice qu'on aperçoit de loin sur une terrasse de jardins et de bosquets à 1 kil. env. au S. du confluent du Paillon et du torrent de Saint-André. On peut s'y rendre aisément en 50 min., soit en suivant la grande route qui longe la rive dr. du Paillon, soit en contournant à mi-côte les hauteurs parsemées de villas. L'abbaye de **Saint-Pons** fut fondée en 775. L'édifice n'offre qu'un faible intérêt au point de vue de l'art; mais, du portique et des terrasses, on jouit d'une vue admirable sur la vallée du Paillon. Un tableau de l'église est attribué par M. Palustre au peintre niçois Louis Bréa. Dans le cloître, où les hommes ont seuls le droit de pénétrer, on montre un sarcophage antique des premiers siècles du christianisme, employé de nouveau au XIV° s. pour un abbé dont l'écusson a été taillé sur une face; à côté, une salle abandonnée renferme quelques inscriptions antiques; enfin il existe derrière le monastère un pan de mur romain que l'on dit avoir fait partie d'un temple. Une petite chapelle, qui se dresse au sommet d'un rocher, immédiatement au-dessus de la grande route, désigne l'endroit où, d'après la légende, saint Pons, évêque de Cimiès, aurait été décapité en 261.

Après avoir vu l'abbaye de Saint-Pons, il est facile de continuer sa promenade en visitant d'autres curiosités des environs de Nice. Pour se rendre à Cimiès, au Ray, aux fontaines du Temple et de Mouraille, il faut monter, se diriger à l'O.; pour aller à Saint-André, on n'a qu'à descendre sur la grande route de Levens et à pénétrer dans la gorge qui s'ouvre au N.

Falicon et la grotte de Saint-André.

3 h. environ en voiture (12 à 15 fr.). Excursion très recommandée.

Après avoir suivi l'avenue de la Gare, on passe sous le chemin de fer, et, parvenu à un rond-point, on se dirige vers le N. par une route qui laisse à g. le chemin de Saint-Barthélemy, à dr. celui de Cimiès et le vallon des Hépatiques (V. ci-dessous), qui passe devant la chapelle du Ray et monte à dr., en zigzag, sur la colline au pied de laquelle se trouve la fontaine de Mouraille (V.

p. 279). A mesure que l'on s'élève, la vue devient de plus en plus belle; à l'horizon apparaissent Antibes et les montagnes de l'Esterel. Laissant à g. la route d'Aspremont, la route contourne à niveau le penchant occidental d'un ravin profond qui plonge à l'E., puis elle descend. Bientôt apparaît le village de Falicon. A g. se détachent deux chemins : l'un descend dans la combe de Mont-Cau pour remonter sur l'autre versant au ham. de *Faliconet;* l'autre monte au Ray (V. ci-dessous, ascension du Mont-Cau). La route suit l'étroite crête d'un promontoire de chaque côté duquel on domine de profonds vallons. Au pied du v. de **Falicon**, 536 hab., perché sur un rocher, on laisse à dr. le chemin qui y monte et l'on descend par de nombreux zigzags dans la gorge sauvage et profonde au fond de laquelle passe la route de Nice à Levens. A g. se montre le Mont-Cau.

Après avoir rejoint la route de Levens, on franchit deux fois le torrent de la Garbe, d'abord sur un pont, puis sur l'arche naturelle formée par la **grotte de Saint-André**. Un peu plus bas, un pont franchit le torrent; de l'autre côté s'élève le *chalet-restaurant* d'où se détache le sentier qui, remontant la rive g. du torrent, mène jusqu'à l'entrée de la grotte (50 c. d'entrée). Une petite barque conduit les visiteurs jusqu'à l'extrémité de la grotte, d'ailleurs peu profonde.

L'intérieur est tapissé de capillaires au feuillage délicat; dans le fond tombe une cascade, et des rayons de lumière scintillent sur les eaux du petit torrent. L'eau de Saint-André a des propriétés incrustantes, et de petits objets recouverts de sédiments calcaires sont exposés dans une salle du chalet-restaurant.

La route suit la rive dr. du torrent et (15 min.), passe au pied d'un coteau auquel les agaves et les tulipiers donnent un aspect oriental et

dont la cime porte un lourd *château*
du XVIᵉ s.

On traverse le hameau de *Saint-
André*, et, à la jonction de la Garbe
et du Paillon, on laisse à g. le pont
et la route de l'Ariane, qui passe au
pied du *Brec*, petit monticule coni-
que taillé en escalier. La route suit
alors jusqu'à Nice la rive dr. du
Paillon.

La distance de Nice à la grotte est
de 7 kil. environ; un promeneur peut
s'y rendre en 1 h. 15.

Amphithéâtre et couvent de Cimiès.

1 h. — Route de voitures. — Services publics pour Cimiès, boulevard du Pont-
Neuf, 34; 50 c.

A l'extrémité de la rue Gioffredo,
on tourne à dr., puis on prend à g.
une route qui monte. A g. s'ouvre, à
peu de distance, l'ancien chemin
montueux de Cimiès; on peut le suivre si l'on est à pied (il laisse à g.
le chemin de Saint-Charles, conduisant sur la colline de Carabacel, et
va rejoindre la nouvelle route qui a
décrit une grande courbe). — Au-
delà de la *chapelle Sainte-Rosalie*,
on peut admirer à g. le gros *figuier*
de la villa Nicolas (2 mèt. 40 de circonférence). On atteint (1 h.) les
ruines de l'**amphithéâtre romain
de Cimiès**, aujourd'hui très dégradé,
et à travers lesquelles passe la
route [1]. Cimiès fut dans l'origine un
oppidum habité par les *Vediantii*.

Le sol de l'arène s'étant exhaussé
de 3 mèt. env., les loges des animaux
sont enfouies, et le gradin inférieur,
là où il ne s'est pas écroulé, ne se
trouve plus qu'à 1 mèt. 50 de hauteur. Quelques-uns des arceaux qui
soutenaient ce gradin et s'ouvraient
sur la façade extérieure de l'amphithéâtre existent encore; on voit aussi
sur le pourtour du bâtiment quelques

pierres en saillie percées de trous
où l'on introduisait les pieux qui
devaient porter le *velarium*. Le cirque est de forme ovale : il a 65 mèt.
de longueur sur une largeur de
54 mèt. 50; l'arène a 45 mèt. de
longueur sur 34 mèt. de largeur.
D'après Bertolotti, 6000 à 7000 spec-
tateurs auraient pu prendre place à
la fois sur les gradins.

Il existait aussi à Cimiès des ther-
mes que des fouilles récentes ont
mis à jour.

Un peu au delà de l'amphithéâtre,
par le premier chemin à dr., on
arrive en 5 min. sur une terrasse
ombragée de deux gigantesques chê-
nes-verts ayant chacun plus de 3 mèt.
de circonférence. A l'E. s'élèvent une
église et un *couvent* qui apparte-
naient autrefois à l'abbaye de Saint-
Pons. Dans le corridor qui mène du
péristyle de l'église au cloître du
monastère, et dans les galeries du
cloître lui-même, on remarque une
série de curieuses gravures sur bois,
représentant les tortures que les
martyrs de l'ordre ont subies dans
les diverses parties du monde.

L'église renferme deux peintures
de Ludovico Bréa, le fondateur de
l'école génoise († 1513), et une *Cène*
par Ossodosso, de Ferrare. Dans la
salle capitulaire, on remarque aussi
une *Pietà* par Bréa (1478). Les fresques modernes de la voûte sont dues
au Vénitien Giacomelli. Sur la terrasse, une *croix* porte, non le Christ
ailé, ainsi qu'on le dit généralement,
mais le séraphin qui apparut cruci-
fié à saint François d'Assise. (Émile
Négrin.)

Du cimetière (beaux tombeaux),
près du couvent, à l'E., du parvis,
on jouit d'une vue très belle. Du belvédère, qui se trouve au fond du jardin, le spectacle est encore plus beau.

La propriété *Garin*, qui s'étend au
S. du monastère, renferme quelques
ruines romaines : les murs d'un temple que l'on dit à tort avoir été con-
sacré à Apollon, les restes d'un édi-

---

[1] On peut également se rendre de Nice à
Cimiès, en 1 h. 20, par les chemins de
Saint-Barthélemy et de Brancolar.

fice de bains, les débris de deux aqueducs, des inscriptions, etc. Les propriétés voisines ont aussi fourni leur contingent d'antiquités : pierres sépulcrales, urnes, lampes, mosaïques, statuettes, médailles, outils.

Vallon des Fleurs ou vallon des Hépatiques.

1 h. 15. — Sentier de piétons au delà de la Bauma.

On suit la route décrite ci-dessus (Falicon et grotte de Saint-André) jusqu'à la croix de fer de Gairaut; là on laisse à g. cette route et une petite chocolaterie hydraulique. « Au bout de 30 min., dit Émile Négrin, au pied du second des monticules de pins qui surplombent à g. le chemin, on aperçoit une mignonne grotte (*una bauma*) qui semble avoir été placée là juste pour nous servir de terme. Grimpez à dr. par le petit sentier qui fait face à la grotte, vous vous enfoncez dans le **vallon des Hépatiques** ou **vallon des Fleurs** (*valloun dei Flous*), une des plus jolies gorges de Nice. »

C'est en mars qu'on doit faire cette promenade. Les fleurs s'y épanouissent toujours deux ou trois semaines plus tôt qu'ailleurs.

Sources du Ray.

1 h. 15 env. — Route de voitures.

Au delà de Cimiès, on suit dans la direction du N.-O., puis de l'O., un plateau parsemé de villas modernes qu'entourent de magnifiques oliviers. Bientôt on arrive (2 kil.) au hameau du *Ray*, ainsi nommé d'un ancien canal (*ray*) qui portait à l'antique *Cemenelum* les eaux de plusieurs sources abondantes en passant sur le point culminant du plateau. Ces sources, qui jaillissent au N. et au N.-O. du Ray, dans de petits vallons ouverts à la base d'un contrefort calcaire du Mont-Cau, servent à l'ir-

rigation des jardins de Brancolar et de Carabacel.

La *fontaine de Mouraya*, qu'on peut atteindre en 15 min. de l'église du Ray, sourd en deux filets d'eau à l'extrémité supérieure de la combe sauvage qui s'ouvre directement au N. du Ray. Un de ces filets, le plus considérable, sort d'une anfractuosité du roc; l'autre est recouverte sur une longueur d'env. 500 mèt. par un aqueduc de construction romaine où un homme peut facilement pénétrer. — En continuant de remonter la route au N. de la fontaine de Mouraya, on arrive en 15 min. au pied du rocher dont les cavernes recèlent les eaux de la *Fontaine sainte*, source intermittente qui jaillit avec plus ou moins d'abondance à des intervalles de six mois à trois ans. Des plateaux environnants, principalement de la *villa Châteauneuf*, on jouit d'un beau panorama.

La *fontaine du Temple*, ainsi nommée d'un établissement de Templiers, jaillit à l'O., dans un charmant vallon boisé qui se prolonge du N. au S., parallèlement à celui de Mouraille. On se rend, en 25 min., de la chapelle du Ray à la fontaine par un sentier que recouvre çà et là l'eau claire du ruisseau. A son issue du roc, la source s'épand en un bassin de construction romaine.

Vallon Obscur.

1 h. 30. — Route de voitures jusqu'au couvent. — Le vallon Obscur est une des curiosités naturelles les plus rapprochées de Nice. — Break, place Garibaldi, 40 c.

On suit le chemin de Falicon (*V.* ci-dessus) jusqu'à la route qui, se détachant à g., traverse le ham. de *Saint-Barthélemy*. L'église du couvent renferme quelques toiles curieuses. Du couvent, il faut 45 min. de marche pour atteindre, au delà des *villas Arson* et *Saint-Georges*, la gorge du vallon Obscur.

La brèche de la colline qui donne

passage au ruisseau n'est point un vallon : c'est une étroite fissure dans laquelle deux ou trois personnes peuvent à peine se glisser de front, et dont les parois perpendiculaires et çà et là surplombantes se dressent à 30 mèt. La lumière du soleil descend rarement dans cette fente du sol; mais aussi jamais n'y pénètre la poussière qui recouvre quelquefois toute la plaine de Nice. La longueur du défilé est de près de 500 mèt.

Vallon du Magnan.

Tramway de Saint-Maurice (25 c.)

Le Magnan est le ruisseau qui se jette dans la mer à 2 kil. à l'O. de l'embouchure du Paillon. La promenade des Anglais vient y aboutir. En suivant le chemin carrossable qui passe sous la voie ferrée et longe le bord du petit cours d'eau, on pénètre dans un charmant vallon, où l'on peut varier à l'infini les promenades et les points de vue, car la combe de Magnan prend son origine sur les flancs du Mont-Cau et reçoit des affluents qui descendent des hauteurs d'Aspremont et de Colomas. En général, les promeneurs se bornent à visiter le hameau de *Sainte-Madeleine*, situé à 2 kil. de l'entrée, ou bien celui de *Saint-Roman*, qui se trouve plus loin dans le cœur des montagnes (2 h. 1/2 de Nice). On monte aussi à g. sur les hauteurs de *Bellet* (excellent vin).

Ancien jardin d'Acclimatation, embouchure du Var et hippodrome.

8 kil. de Nice. — Chemin de fer jusqu'à la station du Var (voit. publique pour Saint-Laurent-du-Var ; 40 c.).

A dr. de la station du Var se détache la route qui remonte la vallée du Var et qui longe (à dr.) l'ancien jardin d'acclimatation. Ce jardin, qui occupe une quinzaine d'hect. d'un terrain d'une très grande fertilité, formé par les alluvions du Var, a été acheté par une société financière qui se propose d'élever sur ses terrains des constructions de rapport : villas, hôtels, etc.

A g. de la station du Var, les sentiers se dirigent vers l'embouchure du Var par les magnifiques bosquets de trembles de *la Californie*, qui croissent sur un sol d'alluvions apportées graduellement par le fleuve. Ces terres humides, parcourues par les chasseurs, offrent de charmants points de vue.

Entre le chemin de fer et la plage de l'embouchure a été tracée la piste de *l'hippodrome*. Les courses de Nice, qui ont lieu dans le courant du mois de janvier, attirent chaque année une grande affluence de sportsmen français et étrangers.

On peut dîner à *l'hôtel de l'Iris*, très fréquenté par les chasseurs, et situé sur la route du Var. Au retour, les personnes qui ne prennent pas le chemin de fer feront bien de passer au N. du jardin d'acclimatation, à côté des admirables *pépinières* de l'État, et de prendre à dr. un chemin carrossable qui contourne les collines et traverse le chemin de fer (du pont, belle vue) pour entrer à Nice par la route de France ou la promenade des Anglais : c'est le *chemin de Saint-Augustin*.

Le Mont-Cau.

3 h. 30 env. — Prendre un guide ou une bonne carte.

La plus belle ascension que l'on puisse faire aux environs de Nice est celle du **Mont-Cau**, dont la cime pyramidale (869 mèt.) domine tout l'amphithéâtre de montagnes qui entoure le bassin niçois.

On peut gravir le Mont-Cau de différents côtés; mais en général on y monte par Cimiès, la *chapelle de Sainte-Anne* (1 h.), l'*aire Saint-Michel* (15 min.), la *chapelle Saint-Sébastien*, près de laquelle on laisse à dr. la route de Falicon (*V.* ci-dessus). Le chemin gravit obliquement la pente de la montagne, d'abord sous l'ombrage des oliviers, puis à travers les pierres et les broussailles. Une *villa*, admirablement située dans le vaste cirque qui s'ouvre sur le front S. du Mont-Cau, indique la limite de la végétation des oliviers. Au-dessus, un sentier monte, à g., vers la *grotte de Falicon,* ou *des Chauves-Souris,* caverne qui n'offre guère d'intérêt.

On atteint (10 min.) le *Ray* (450 mèt. d'altit.) et (10 min.) la *source Émilienne* d'où, par les trois cabanes situées au pied même du Mont Cau, on atteint en 35 min. le sommet de la pyramide terminale, dont les strates blanches et rougeâtres et les pâtis semés de pierres ont fait croire à tort que le nom populaire de Mont-Cau était synonyme de mont Chauve ou de *monte Calvo.* (Émile Négrin.) Le sommet, reboisé en 1863, se termine par une plate-forme qui offre sur ses bords des vestiges de murailles. La vue est de toute beauté. On remarque surtout à l'O., par delà la vallée pierreuse où serpente le Var, la superbe roche à pic de Saint-Jeannet.

On peut descendre à Nice par le vallon du Magnan, ou par les pentes brusques qui plongent à l'O. vers Aspremont et vers la vallée du Var (de ce côté, la descente est pénible).

Contes et sa vallée.

17 kil. — Route de voitures. — Service d'omnibus en 2 h. (1 fr. 50 et 1 fr.). — On peut aussi prendre la voiture de Coni jusqu'à l'entrée de la combe de Giallier, et continuer sa route à pied; enfin on peut suivre la route de Levens jusqu'à Tourrette et pénétrer dans la vallée du Paillon par le col de Châteauneuf.

13 kil. 1/2 de Nice à la bifurcation de la route de Coni (R. 64) et de celle de Contes, qui longe à g. le Paillon.

17 kil. **Contes,** ch.-l. de c. de 1681 hab., bâti en amphithéâtre sur un promontoire ombragé de châtaigniers magnifiques. Bien qu'elle se trouve dans le cœur des montagnes, la petite ville jouit d'une température très agréable, et des orangers croissent dans ses jardins bien abrités. Les produits les plus importants du territoire sont l'huile et le **vin.** Ce dernier, fort estimé dans le **pays,** est blanc, très sucré et mousseux.

Peillon. — Peille.

5 h. de marche à la montée.

Ces villages, situés dans la **région** la plus sauvage des montagnes, se trouvent à plusieurs kil. de la grande route de Nice à Coni. Un sentier de mulets se détache de la route au confluent de la Peille et du Paillon, puis longe tantôt à une certaine hauteur sur le versant méridional, tantôt dans le fond de la vallée, le lit, presque toujours à sec, de la Peille.

À 4 kil., le chemin escalade le promontoire qui porte le village de Peillon; ensuite il contourne, soit à l'E., soit à l'O., la longue *montagne de Rastel,* pour gagner Peille, à 2 kil. à l'O. du torrent du même nom, dont il faut remonter la vallée si l'on veut rejoindre la grande route de Coni à l'Escarène. De Nice au confluent de la Peille et du Paillon, la distance est de 10 kil. De cet endroit à Peillon, on compte 1 h. de marche : puis encore 1 h. de Peillon à Peille, et 1 h. 30 de Peille à l'Escarène.

Parmi tous les villages qui couronnent des promontoires presque inaccessibles des Alpes-Maritimes, **Peillon** (641 hab.) est l'un des plus étranges. Les maisons, qui se dressent en forme de bastions et de tours et qui sont percées d'étroites meurtrières servant de fenêtres, se groupent en désordre au sommet d'un rocher taillé à pic du côté de la vallée, fortement incliné du côté des hauteurs, complètement isolé, et dont la blancheur contraste avec les forêts d'oliviers qui recouvrent les pentes environnantes.

Peille, 1632 hab., situé à mi-côte, sur le versant d'une montagne, est d'un accès plus facile que Peillon ; mais ses rues sont aussi sombres, ses maisons aussi vieilles et aussi dégradées ; quelques-unes, de style ogival, offrent de curieux détails d'architecture. L'ancien *palais des Lascaris*, auquel on arrive par un

Vallon Saint-André à Nice.

passage voûté, est devenu l'hôtel de ville et la maison d'école. L'*église*, située à l'endroit le plus élevé du village, est très ancienne : le sol en est formé par le roc vif ; quelques-uns des piliers sont d'énormes masses de pierre grossièrement taillées. On remarque de curieux fonts baptismaux creusés dans un bloc de porphyre et des bénitiers en granit, d'un travail primitif. — Vins rouges et vins blancs mousseux.

De Peille et de Peillon on peut se rendre à Menton par la *Crête de Garillan* et *Gorbio*. On peut aussi gagner la Corniche en faisant l'ascension du Mont-Agel (*V.* p. 40). On ne saurait trop recommander ces excursions aux touristes.

MONACO ET SES ENVIRONS

15 kil. en chemin de fer. — Prix : 1re cl., 1 fr. 95 ; 2e cl., 1 fr. 50; 3e cl., 1 fr. 10. — Services de voitures publiques pour Monaco à Nice, boulevard du Pont-Neuf, 36 ; prix : 3 fr.; aller et retour 5 fr.; départs t. l. j. de Nice à 10 h. du mat. et à 1 h. du soir ; de Monte-Carlo (place du Casino), à 10 h. du mat. et 3 h. du soir. — On peut aussi prendre des voitures de place ou des voitures particulières (traiter de gré à gré; faire son prix à l'avance).

Situation. — Aspect général.

Monaco est une ville de 1200 hab. env., bâtie au sommet d'un rocher qui se rattache au continent et aux pentes escarpées de la Tête-de-Chien par un isthme sur lequel la gare a été construite et qu'occupe en grande partie le quartier de la Condamine. Coupé à pic sur presque toute sa circonférence, ce rocher, large de 300 mètres en moyenne, s'avance à 800 mèt. en mer et se recourbe à l'E. pour embrasser la rade semi-circulaire de l'Hercule Monœcus. Sa partie supérieure, haute de 60 mèt. au-dessus du niveau de la Méditerranée, forme une terrasse couverte en entier par la ville et les jardins.

L'aspect de Monaco est singulièrement pittoresque. De la Corniche, cette ville présente un merveilleux aspect.

Histoire.

« Monaco, dit Jean Reynaud, est un des lieux les plus intéressants de notre Occident. C'est sur ce rocher, aujourd'hui si peu considéré, que la civilisation grecque a pris pied parmi nous pour la première fois. La tradition antique rapporte qu'Hercule, avant de se rendre en Espagne, toucha terre à cet endroit, qu'il y vainquit Géryon et les brigands des montagnes, y ouvrit un passage à travers les Alpes, et consacra à sa mémoire le rocher et le port qu'on voit aujourd'hui. Aussi, jusque dans les premiers siècles du christianisme, Monaco conserva-t-il le nom glorieux de *Portus Herculis*.

« Comme cette colonie formait un point complètement isolé dans l'étendue de ce littoral barbare, le dieu protecteur en avait reçu le nom de Μόνοικος (habitation isolée), dont les Romains avaient fait *Monœcus*. La ville se nommait *Portus Herculis Monœci*, ou plus couramment encore, *Portus Monœci*. Dans les siècles du moyen âge, on oublia Hercule, on garda simplement son surnom, et c'est ainsi que le dieu se métamorphosa en moine, et que l'idée de la cellule fut substituée à l'idée de l'Hercule solitaire. L'écu de Monaco figure un moine richement bâti comme le dieu de la force, à la barbe épaisse et courte, au visage fier, et l'épée nue en main. C'est Hercule sous la bure. » Pour les Provençaux, le nom de Monaco se transforma en celui de Monègue, et pour les Français, en ceux de Mourgues, Mourges, Morges.

Après la mort de Charlemagne, Monaco fut pris par les Sarrasins, qui s'y établirent, ainsi que sur toutes les hauteurs voisines. D'après une tradition plus que douteuse, ils en auraient été chassés en 962 ou 968 par Grimoald ou Grimaldi, père de ce Giballin Grimaldi qui délogea les Sarrasins du Grand-Fraxinet de Saint-Tropez, et reçut en récompense le fief de Grimaud.

Quoi qu'il en soit, « la forteresse de Monaco a dû être abandonnée ou détruite au xIe ou au xIIe s. ». En 1162, l'empereur d'Allemagne Frédéric Ier en fit cadeau à la république de Gênes, et cette donation fut successivement confirmée par Raymond V de Provence et par l'empereur Henri VI. En 1215, les Génois prirent possession de leur fief, dont ils rebâtirent les fortifications.

Pendant plus d'un siècle, la ville de Monaco fut tour à tour prise et reprise par les partis en lutte des Guelfes et des Gibelins. Les Grimaldi et les Spinola, qui la possédèrent tour à tour, en avaient fait un asile de pirates.

En 1338, Charles Grimaldi occupait le rocher de Monaco. Afin d'en rester définitivement le maître, il racheta pour la somme de 1200 florins d'or l'investiture que le roi Charles II en avait faite aux

Monaco.

Spinola, et désormais il fut, en vertu du droit féodal, le seigneur incontesté de la redoutable forteresse. En 1345, il tenta contre Gênes un coup de main qui ne réussit pas, et il fut obligé de battre en retraite (14 janvier 1346). En 1357, les Génois vinrent assiéger Monaco. Charles se défendit pendant un mois ; mais il dut rendre la place moyennant une indemnité de 20 000 florins d'or : il lui resta seulement les villes de Menton et de Roquebrune, qu'il avait achetées.

En 1395, Jean Grimaldi de Beuil, usurpant les droits de son cousin Rainier Grimaldi, s'empara de la ville par surprise, et en fit aussitôt un nid de pirates. Il garda sa conquête pendant six mois. En 1401, Boucicault, lieutenant de la France à Gênes, reconquit Monaco et le port d'Hercule ; il y installa comme seigneur Rainier, fils de Charles Grimaldi.

Pendant le cours du xvᵉ s., Monaco, toujours convoité par les comtes de Provence, la république de Gênes, les ducs de Milan et ceux de Savoie, changea souvent de maîtres.

Pendant les invasions de l'Italie par les rois de France Charles VIII et Louis XII, les Grimaldi de Monaco devinrent les alliés des envahisseurs et reçurent en échange de leur dévouement le gouvernement de toute la Rivière occidentale de Gênes. Jean II, seigneur de Monaco, était l'un des plus puissants seigneurs de l'Italie, lorsqu'il fut assassiné en 1505 par son propre frère, Lucien Grimaldi. Au moment où ce crime faisait de Lucien un duc de Monaco, le peuple se révoltait contre les nobles qui avaient appelé l'étranger, et bannissait de la ville de Gênes les familles aristocratiques. Les proscrits se réfugièrent à Monaco, et Lucien leur prêta sa flottille pour arrêter au passage tous les navires de commerce de la République. Afin de mettre un terme à cette piraterie, une flotte imposante, montée par 14 000 hommes de troupes, quitta le port de Gênes et mouilla dans les eaux de Monaco (septembre 1506). Pendant cinq mois, la garnison monégasque se défendit avec la plus grande énergie ; l'arrivée des renforts envoyés par le duc de Savoie, la présence soudaine du capitaine français Ives d'Allègre et de ses 3000 fantassins, enfin l'approche de Louis XII, déterminèrent les Génois à se retirer. En 1523, Lucien, le meurtrier de son frère, était à son tour assassiné lui-même, dans son propre palais, par son neveu Barthélemi Doria, cousin du célèbre André Doria.

L'évêque de Grasse, Augustin Grimaldi frère et successeur de Lucien, reconnut la suzeraineté de l'empereur Charles-Quint, et pendant près de 80 ans, de 1525 à 1605, les rois d'Espagne protégèrent la principauté de Monaco sans l'opprimer ; mais, après la mort d'Honoré Iᵉʳ (1604), jeté à la mer par ses sujets pour cause de viols et de rapts, l'Espagne, sous le nom du mineur Honoré II, s'établit maîtresse absolue au port d'Hercule. En 1691, le prince, désirant changer de maître, fit conclure un traité secret avec Richelieu, surprit pendant la nuit la garnison espagnole, et l'expulsa presque sans coup férir. Le protectorat de la France fut officiellement reconnu, et des soldats français occupèrent la citadelle.

Louis Iᵉʳ, successeur d'Honoré II, eut une vie des plus légères et déploya un luxe insensé. Sa fille, mariée au comte français de Goyon-Matignon, laissa à son fils Honoré III la souveraineté de Monaco et le nom de Grimaldi.

En 1792, à peine l'armée française eut-elle passé le Var, que les trois communes de la principauté se constituèrent en république et demandèrent à la République française de les annexer à la France. Le décret du 15 février 1793 réunit en effet la principauté à la France et au département des Alpes-Maritimes.

Grâce à l'intervention de Talleyrand, les Matignon-Grimaldi recouvrèrent en 1814 la souveraineté de Monaco ; en 1815, le protectorat, au lieu de demeurer à la France, fut transféré au Piémont. Sous l'égide de la Sainte-Alliance, le souverain légitime Honoré V opéra solennellement sa rentrée dans sa capitale ; mais, habitué à la vie de Paris, il se hâta de revenir en France. Pendant 25 ans que dura son règne, il ne remit que trois fois le pied à Monaco. Son administration est restée célèbre et peut se résumer en deux mots : absolutisme et monopole. Par une loi dite *exclusive des céréales*, tout le monde, habitants du pays et étrangers, fut obligé de manger le même pain. L'instruction devint aussi un monopole. Les bestiaux et même les arbres furent recensés et imposés.

Après la mort d'Honoré V, le prince Florestan fut obligé, par le cri populaire, d'abolir l'exclusive des céréales, mais les droits de douane furent maintenus, et le mécontentement de la population continua. Aussi, dès que l'occasion s'en présenta, les habitants de Menton et de Roquebrune firent-ils leur petite révolution ; le 21 mars 1848, Menton se déclarait ville libre, et la principauté était réduite à la seule commune de Monaco. Lors de l'annexion du comté de Nice, la France racheta en outre le titre féodal de ces deux anciens fiefs pour la somme de 4 millions de fr.

L'enclave de Monaco, comprise en entier dans le canton français de Menton, a une longueur de 3 kil. 1/2 et une largeur variable de 1 kil. à 150 mèt. La population de la principauté est d'environ 1500 hab.

Le sculpteur Bosio était Monégasque. Le romancier Emmanuel Gonzalès est né aussi à Monaco.

La ville et ses monuments.

La rue qui s'ouvre en face de la gare de Monaco, descend au quartier de la Condamine * (véritable ville qui s'accroît chaque année), qu'il faut traverser pour se rendre au pied du rocher de Monaco. Là on a le choix entre deux chemins : à g., la route de voitures décrit une grande courbe (beaux points de vue) pour monter à la ville; à dr., une rampe pavée, assez raide (les piétons seuls y passent) aboutit à la place du Palais.

La *place du Palais*, d'où l'on jouit d'une très belle vue et qui est ornée d'un *buste* en marbre du prince Charles III, offre un aspect d'une originalité pittoresque. Au pied de ses parapets crénelés reposent des canons de bronze donnés par Louis XIV aux princes de Monaco.

Le Palais, qui dresse ses tours à l'O. de la ville, est un édifice ancien agrandi par des constructions et des restaurations successives. La partie méridionale, celle qui renferme les appartements les plus somptueux et les plus remarquables, date probablement des xve et xvie s. La grande façade est dominée par une *tour* dont le sommet est découpé en créneaux de style mauresque. Deux figures de moines armés, gardant le blason des Grimaldi, surmontent la porte principale. Les étrangers sont admis à visiter (pourboire) la cour d'honneur, les appartements et les jardins.

La **cour d'honneur** est la plus belle partie du château. A g., un magnifique escalier de marbre blanc à double rampe, rappelant celui de Fontainebleau, mais dont les dimensions sont trop vastes relativement aux constructions environnantes, conduit à une belle galerie à arcades qui est décorée de fresques attribuées à Carlone et réparées par M. Murat. A dr., règne une galerie parallèle, également ornée de fresques, que l'on dit être de Caravage, mais qui, presque entièrement détruites, ont été refaites par un peintre moderne.

Les visiteurs sont introduits par la porte qui s'ouvre à dr. de la galerie de g. et qui donne accès dans une longue suite de salons et de chambres pavés en mosaïque et richement décorés. Dans le deuxième salon (style Louis XV) se trouvent les portraits de Marie Leczinska et de Louis XV enfant, par Vanloo. Dans le salon d'honneur, ou salle Grimaldi, décorée de fresques attribuées à Horace de Ferrari, on remarque une cheminée de la Renaissance ornée de médaillons et de cariatides finement sculptés. La chambre à coucher, où mourut, en 1760, le duc d'York, frère de Georges III, est ornée de fresques par Annibal Carrache. La *chapelle Saint-Jean-Baptiste*, entièrement restaurée, est décorée avec splendeur, de marbres, de dorures et de mosaïques.

« Les jardins, dit M. Abel Rendu (*Menton et Monaco*), ne sont ni moins splendides, ni moins curieux que le palais : ce n'est pas l'admiration, mais l'enthousiasme qu'ils commandent. On pourrait dire qu'ils commencent à la mer; car, depuis le bas jusqu'au sommet, le rocher à pic dérobe ses aspérités sous les figuiers de Barbarie, dont les feuilles, armées de piquants, lui font comme une muraille de verdure impénétrable et éternelle. Le sol étant rare à Monaco, on a dû tirer parti des moindres coins, des plus petits espaces; aussi ces jardins sont-ils une conquête continuelle sur le roc, sur la montagne, sur les tourelles des vieux bastions, tout étonnés d'un pareil travestissement. Le promeneur va de surprise en surprise. Des parterres éblouissants, il arrive, par des sentiers montueux et plantés d'aloès, aux jardins suspendus, aux terrasses babyloniennes. Plantes, fleurs et arbustes qui ne vivent qu'en serre chaude et à grands frais, sous un ciel moins clément, géraniums, aloès, lauriers-roses, palma-christi, myrtes, grenadiers, poivriers, palmiers et beaucoup d'autres au feuillage sévère pullulent ici. »

Près de la porte qui fait communiquer les jardins avec la place du Palais, se voient un tombeau romain et une borne milliaire dont l'inscription est encore parfaitement lisible.

La principale *église*, dédiée à *saint Nicolas*, a été reconstruite dans le style romano-byzantin (dans la crypte, tombeaux des princes de Monaco). — Dans l'*église des Pénitents*, joli groupe en marbre blanc (la Vierge et des Anges). — On remarque dans la rue de Lorraine deux charmantes petites *portes* de la Renaissance.

La *promenade Saint-Martin* (petit *musée* local) beau jardin de plantes tropicales, d'où l'on domine la mer de 60 mèt. env., a remplacé les terre-pleins et les chemins couverts des remparts, au S. et à l'E. de la ville.

Le *port* (feu fixe rouge), autrefois si célèbre sous le nom de *portus Herculis*, n'est plus aujourd'hui qu'une anse de pêcheurs (environ 25 hect. de superficie). Le commerce consiste surtout en exportations d'huiles, de citrons, d'oranges et de caroubes.

MONTE-CARLO.

Au pied du rocher qui porte la ville de Monaco et sur le bord de la plage sablonneuse, s'élève un vaste *établissement de bains* avec hôtel,

renfermant, outre les cabinets de bains, des salons, un restaurant, un café, des salles d'hydrothérapie. Au delà de cet établissement, on suit le quai et l'on passe devant le *vallon de Gaumates*, que franchissent le viaduc du chemin de fer et le pont hardi, haut de 45 mèt. et de 33 mèt. d'ouverture sur lequel passe la nouvelle route (beaux points de vue), longue de 2600 mèt., qui réunit la route de Nice par le bord de la mer à la route de Menton. A l'entrée du vallon s'élève la petite *chapelle* gothique *de Sainte-Dévote*, la protectrice du pays. C'est un but de pèlerinage fréquenté.

La route monte par une pente assez forte (belle vue) et atteint bientôt le plateau de **Monte-Carlo** * ou des *Spélugues* (grottes), sur lequel s'étend une belle place rectangulaire, ornée à son centre d'un bassin et bordée de trois côtés seulement par des constructions.

Le Casino est ouvert à tous les étrangers, moyennant une carte d'admission délivrée par des commissaires à l'entrée des salles de jeu. Sa façade septentrionale est ornée d'un péristyle à colonnes donnant accès dans un grand vestibule. A dr. se trouvent des salons de conversation et de lecture. A g. s'ouvrent les salles de jeu (tables de roulette et de trente-et-quarante). La grande salle, de style mauresque, annexée à la construction primitive, est très richement décorée dans le goût oriental. La nouvelle salle du Trente-et-Quarante, construite par M. Charles Garnier, est ornée de peintures, figurant les différents sports, par MM. Clairin, Boulanger, Lenepveu et Saintin. L'ancienne salle de concerts, transformée en un vaste promenoir couvert, donne accès dans la nouvelle salle des Fêtes. Elle est ornée de deux grands panneaux par M. Jundt : *Vue de Monte-Carlo* prise de la route de Menton ; *Récolte des olives au cap Martin* (ces peintures offrent, le soir, de curieux effets de lumière)

Casino de Monte-Carlo.

La **salle des Fêtes**, commencée au mois de juin 1878 et inaugurée au mois de janvier 1879, a été construite par M. Charles Garnier. La belle façade, longue de 60 mèt., qui domine la terrasse du Casino, du côté de la mer, et à laquelle donne accès un large perron, se compose de trois grandes arcades surmontées d'œils-de-bœuf et flanquées de deux **tours** élégantes, hautes de 38 mèt., avec moucharabis et campaniles. A dr. et à g. du grand balcon se détachent deux groupes sculptés, l'un, la *Musique*, par Mme Sarah Bernhardt, l'autre, la *Danse*, par Gustave Doré. — Les façades latérales, longues de 14 mèt., sont ornées de figures décoratives, représentant l'*Industrie*, l'*Architecture*, la *Peinture* et la *Sculpture*, par MM. Chatrousse, Prousa, Bruyer et Godebski. Sur le côté O. se trouve l'entrée réservée du prince de Monaco, donnant accès dans sa loge. Les tympans de la porte sont de M. Cordier.

La salle, haute de 19 mèt., et formant un carré de 20 mèt., peut contenir env. 1000 personnes. Le plancher est mobile, ce qui permet de transformer la salle en salle de bal. La porte centrale qui communique avec les anciens bâtiments du Casino est flanquée de cariatides. Les grandes voussures, mesurant 15 mèt. sur 6, représentent le *Chant*, par M. Feyen-Perrin, la *Musique instrumentale*, par M. Gustave Boulanger, la *Danse*, par M. Clairin, et la *Comédie*, par M. Lix. Les grandes figures sculpturales qui séparent ces peintures sont de M. Jules Thomas.

La scène, large de 19 mèt., est ornée de cinq panneaux décoratifs: la *Comédie*, le *Chant*, la *Poésie*, la *Danse* et la *Musique*, par MM. Motte, Barrias, de Bautry, Saintin et Monginot. Le grand motif du milieu de l'arc a été sculpté par M. Gautherin.

Pendant la saison, c'est-à-dire de décembre à avril, ont lieu des représentations théâtrales d'opéras, d'o-péras-comiques ou de comédies qui réunissent les artistes les plus renommés de l'Europe.

La **terrasse** et les jardins du Casino sont une véritable merveille par leur disposition, le soin avec lequel ils sont entretenus, les essences variées de leurs arbres, le nombre et la beauté de leurs fleurs, et enfin la vue féerique dont on y jouit. Du Casino on peut descendre, soit par la nouvelle *avenue des Spélugues*, soit par des escaliers, à la gare de Monte-Carlo (*V.* ci-dessus, p. 288). Au N. des jardins, de vastes bâtiments sont habités par le nombreux personnel du Casino.

A dr. du Casino est un *kiosque* dans lequel, pendant la belle saison, est donné, deux fois par jour, un concert instrumental gratuit. Pendant l'hiver, les concerts ont lieu dans la salle des Fêtes.

Au-dessous du Casino et au bord de la mer s'étend un vaste emplacement pour le *Tir aux pigeons* (très fréquenté pendant la saison).

Sur la route de Menton, dans le quartier des Moulins, se trouve l'*église Saint-Charles* (style de la Renaissance).

La petite plaine comprise entre le plateau des Spélugues, le rocher de Monaco et la base des escarpements de la Turbie, est occupée par des bosquets de citronniers et d'oliviers, au milieu desquels s'élèvent des villas et des hôtels.

Après avoir dépassé, au N. du Casino, la *fontaine* monumentale *de Monte-Carlo*, la route de Menton contourne, au-dessus du chemin de fer, les âpres ravins qui descendent du haut de la montagne. On remarque sur une crête de rochers les débris d'une tour que les Romains avaient établie pour surveiller la frontière des Gaules. Cet ancien poste a fait donner au promontoire voisin le nom de *Pointe de la Vieille* (veille), dérivé du latin *vigiliæ*. A une petite distance au delà, on arrive à la *chapelle de San-Roman*, qui marque la limite de la principauté.

ENVIRONS

Route de Nice.

Pour la description de cette route, *V.* p. 24.

Une excursion qui ne saurait être trop recommandée aux étrangers est la suivante : se rendre à Nice par la route de la Corniche, qui passe à Roquebrune, à la Turbie, à l'Observatoire Bischoffsheim, et revenir par la route du bord de la mer (*V.* p. 24).

La Turbie.

Monaco est le meilleur point de départ pour monter à la **Turbie**, v. de 2338 hab., situé à près de 500 mèt. au-dessus de la mer, sur l'arête même qui réunit le Mont-Agel au promontoire de la Tête-de-Chien. On y monte en 1 h. 30 par deux chemins. L'un, partant de la Condamine et longeant à g. le ravin de Sainte-Dévote, est une sorte de grand escalier caillouté ; à mi-côte, on découvre Monaco, semblable à une oasis sur le rivage. L'autre, plus ancien, part de Monte-Carlo et longe également le ravin de Sainte-Dévote, mais à g. Au-dessus de ces deux chemins, à dr., se dresse une tour appelée dans le pays *Il Palastro*.

Si l'on veut monter à la Turbie en voiture, il faut suivre la route de Menton jusqu'à Roquebrune pour y rejoindre la route de la Corniche (*V.* p. 24).

C'est à la Turbie que se trouvait autrefois la limite entre les Gaules et l'Italie, et jusque dans le milieu du moyen âge, celle de la Provence et de la Ligurie. La tradition veut que ce soit sur le sol même de la Turbie qu'Auguste ait vaincu les peuplades des Alpes ; mais la position culminante de la Turbie a suffi sans doute pour déterminer les conquérants à y ériger les trophées de leur victoire. Ces trophées, on en voit les restes dans la **tour d'Auguste**, située au S. de la Turbie, sur un petit tertre qui domine le village. C'est un massif qui a été vraisemblablement quadrangulaire et que surmonte une tour tranchée en deux sur son axe. Dans le massif inférieur, la main de l'artiste primitif peut être cherchée ; non seulement le mode de construction de la tour, mais les dentelures qui la couronnent indiquent le moyen âge. Les chroniqueurs racontent que le monument fut changé en forteresse au temps des Guelfes et des Gibelins. Au XVIIᵉ s., la tour fut ruinée par le maréchal de Villars. Le massif était probablement entouré de colonnes doriques, orné des statues des lieutenants d'Auguste, de celles des barbares vaincus, et couronné par une figure colossale de l'empereur. Une inscription rappelait les triomphes du « divin empereur et grand pontife Auguste. » On en voit quelques fragments dans la maçonnerie extérieure d'un portique situé près de l'hôtel de ville ; un autre débris est à la bibliothèque de Nice.

L'église et les maisons du village sont en grande partie construites avec les pierres de l'ancien monument. Le nom du village lui-même, dérivant de *trophæa* ou de *turris viæ*, est probablement romain.

A 20 min. de la Turbie est la **Tête-de-Chien** (542 mèt.), rocher superbe (un fort y a été construit) au pied duquel se blottit Monaco et d'où l'on jouit d'une vue plus étendue que celle de la Turbie.

Notre-Dame de Laghet.

A une petite distance à l'O. de la Turbie, on atteint une croupe d'où l'on voit s'ouvrir à dr. l'aride vallon du Laghet. Par la route de voitures, un piéton peut gagner en 20 ou 25 min. **Notre-Dame de Laghet**, le plus célèbre des lieux de pèlerinage (surtout le jour de la Trinité) situés entre Cannes et Ventimiglia. Le monastère, qui s'élève dans un cirque pierreux, au bord d'un ruisseau dont le lit, souvent desséché, offrait çà et là des lagunes qui lui ont valu son nom (petit lac), est entouré de masures servant d'auberges aux pèlerins.

Les parois du cloître, dans lequel est renfermée la nef de l'église, sont couvertes de peintures horribles au point de vue de l'art, qui représentent la Vierge sauvant ses adorateurs du feu, de l'eau, des maladies et des accidents de toute espèce. Au milieu

Tour de la Turbie.

de la cour, une colonne placée sur un lourd piédestal rappelle qu'après le désastre de Novare, Charles-Albert, partant pour le Portugal, son lieu d'exil volontaire, vint passer à Laghet sa dernière nuit sur le sol italien.

Le Mont-Agel.

Le Mont-Agel (1149 mèt.), qui se dresse au N.-E. de la Turbie, offre le plus beau panorama des rivages de la Ligurie ; aussi les piétons qui ne craignent pas la fatigue feront-ils bien de se rendre de la Turbie à Menton par le Mont-Agel. Cette excursion demande environ 5 h. : 2 h. à la montée, 3 h. à la descente.

Au sortir de la Turbie, on suit sur une longueur de 500 mèt. la route de Menton, puis on prend un sentier qui s'élève obliquement à travers les

Èza.

vignes. Bientôt on se trouve dans un ravin dominé par des escarpements calcaires. On escalade les rochers de g., qui semblent former le sommet de la montagne ; mais, quand on les gravit, on s'aperçoit qu'il faut encore traverser un long plateau dans la direction du N. avant d'atteindre la base du cône terminal. La dernière partie de l'ascension est très raide. De la cime on jouit d'une vue incomparable.

[Du Mont-Agel on peut descendre par des sentiers également pénibles (guide utile), au N. vers Peille, à l'O. vers Peillon, au S.-O. dans le ravin de Laghet, à l'E. vers Roquebrune, au N.-E. vers Gorbio et Menton.]

Èze ou Éza.

On s'y rend soit en voiture particulière par la route de la Corniche, soit par le chemin de fer (9 kil.; trajet en 35 min.: 1 fr. 25 ; 90 c.; 70 c.), d'où il faut monter à pied à Éza (trajet en 1 h. 15).

De la station, le chemin d'Éza se détache à dr., tourne devant la maison de garde, monte dans un petit bois, redescend, traverse un torrent, puis remonte rapidement pour rejoindre, près d'un gros caroubier, un second chemin par lequel on peut venir aussi de la station. On s'élève assez rapidement au milieu d'un bois de pins et de caroubiers. — 25 min. Le chemin, presque horizontal, contourne la colline, puis remonte le versant N., très frais et très sauvage. — 45 min. A l'extrémité du ravin, on rejoint l'ancien chemin vicinal, très raide et très rocailleux, par lequel on monte à (1 h. 15 de la station) **Éza** ou **Èze**, 764 hab., l'*Avisium* ou *Visia* de l'itinéraire d'Antonin, bâti au sommet d'un rocher pyramidal. Ce village est réuni à la route de la Corniche par un chemin carrossable, long d'un kil., qui descend obliquement du flanc de la montagne pour remonter au promontoire d'Éza en suivant un isthme cultivé au milieu duquel jaillit une fontaine. Éza a tout à fait l'aspect d'une ville africaine. Les maisons, appuyées les unes sur les autres, semblent ne former qu'un seul édifice, une étrange citadelle ruinée. Les étroites et tortueuses ruelles disparaissent sous les arcades ; les constructions sont d'une apparence sordide et misérable. Le *château*, auquel on arrive par un escalier naturel, dont les marches énormes sont les strates mêmes du calcaire, a été presque entièrement démoli par les Turcs de Barberousse, en 1543.

Un chemin ayant 4 kil. de longueur monte directement de la *fontaine d'Éza*, vers le N.E., sur le plateau de la Turbie, et rejoint la grande route à 1500 mèt. environ en deçà de ce dernier village. On laisse à g., avant d'entrer à la Turbie, une voie carrossable qui descend au (18 kil. de Nice; 2 kil. 1/2 de la Turbie) vallon et au sanctuaire du Laghet (*V.* p. 39).

14866. — PARIS, IMPRIMERIE A. LAHURE

9, rue de Fleurus, 9.

PUBLICITÉ

DES

GUIDES JOANNE

EXERCICE 1886-1887

TABLE DES MATIÈRES

PANORAMA

DE LA

BATAILLE DE CHAMPIGNY

RUE DE BERRI, 5 (Champs-Élysées)

Par MM. de NEUVILLE & DETAILLE

Bien des Panoramas ont été ouverts à Paris et ailleurs : aucun ne saurait entrer en sérieuse comparaison avec celui-ci.

MM. DE NEUVILLE et DETAILLE, ces artistes justement célèbres qui ont su donner à la représentation des faits militaires un accent de vérité inconnu avant eux, s'y sont surpassés. Tout y est à souhait : la clarté de la mise en scène, le mâle intérêt des épisodes, la beauté accomplie du paysage, le dessin, la couleur, l'exécution, et une magie d'illusion tout à fait extraordinaire.

Le Panorama de la *Bataille de Champigny* est sans contredit la plus belle œuvre d'art de notre époque. Il met le sceau à l'immense et légitime renommée de MM. DE NEUVILLE et DETAILLE.

Nouveau diorama : **COMBAT DANS UNE RUE DE SFAX** (campagne de Tunisie), par M. DETAILLE.

Ouvert tous les jours, de 10 heures du matin à 6 heures du soir, et le **Dimanche**, *de 10 heures du matin à 11 heures du soir.*

5, RUE DE BERRI (Champs-Élysées)

NOTA. — Prochainement la clôture. — La *Bataille de Champigny* sera remplacée aussitôt par la *Bataille de Rezonville* (Gravelotte, campagne de Metz, août 1870), également par nos grands peintres DETAILLE et DE NEUVILLE.

CRÉDIT LYONNAIS

FONDÉ EN 1863

CAPITAL : 200 MILLIONS

LYON : SIÈGE SOCIAL, Palais du Commerce.

PARIS : Boulevard des Italiens.

AGENCES DANS PARIS

B. Rue Vivienne, 31. — **D**. Rue Turbigo, 3. — **E**. Rue de Rivoli, 43. — **G**. Rue de Rambuteau, 15. — **I**. Faubourg Saint-Antoine, 63. — **J**. Boulevard Voltaire, 43. — **K**. Rue du Temple, 201. — **L**. Boulevard Saint-Denis, 10. — **M**. Rue d'Allemagne, 194. — **N**. Boulevard Magenta, 81. — **P**. Avenue de Clichy, 1. — **R**. Boulevard Haussmann, 72. — **S**. Faubourg Saint-Honoré, 82. — **T**. Boulevard Saint-Germain, 1. — **U**. Boulevard Saint-Michel, 25. — **V**. Rue de Rennes, 66. — **X**. Boulevard Saint-Germain, 205. — **AB**. Rue de Flandre, 30. — **AC**. Place de Passy, 2. — **AF**. Avenue des Ternes, 39. — **AM**. Annexe de l'agence **M** (abattoirs). — **AT**. Entrepôt de Bercy. Porte Gallois.

CRÉDIT LYONNAIS

AGENCES EN FRANCE ET EN ALGÉRIE

Aix-en-Provence. — Aix-les-Bains. — Alais. — Alger (Algérie). — Amiens. — Angers. — Angoulême. — Annecy. — Annonay. — Arras. — Bar-le-Duc. — Beaune. — Belleville-sur-Saône. — Besançon. — Béziers. — Bordeaux. — Bourg. — Caen. — Calais. — Caunes. — Cette. — Chalon-sur-Saône. — Chambéry. — Charleville. — Cognac. — Dijon. — Dunkerque. — Epinal. — Grasse. — Grenoble. — Havre (Le). — Lille. — Limoges. — Mâcon. — Marseille. — Montpellier. — Moulins. — Nancy. — Nantes. — Narbonne. — Nevers. — Nice. — Nîmes. — Oran (Algérie). — Orléans. — Perpignan. — Poitiers. — Reims. — Rennes. — Rive-de-Gier. — Roanne. — Roubaix. — Rouen. — Saint-Chamond. — Sedan. — Saint-Etienne. — Saint-Germain en Laye. — Saint-Quentin. — Thizy. — Toulon. — Toulouse. — Tourcoing. — Troyes. — Valence. — Valenciennes. — Versailles. — Vienne (Isère). — Villefranche-sur-Saône. — Voiron.

AGENCES A L'ÉTRANGER

Londres. — Saint-Pétersbourg. — Madrid. — Constantinople. — Alexandrie (Égypte). **— Le Caire. — Genève.**

Escompte et recouvrements. — Délivrance de chèques. — Traites. — Lettres de crédits et Mandats sur toutes les villes de France et de l'Étranger. — **Bons** à échéance. — **Dépôts** à échéance fixe, dont l'intérêt plus élevé que celui des comptes de dépôt, varie suivant la durée des placements. — **Garde de Titres. — Ordres de Bourse.** — Souscriptions. — Location de coffres-forts. — Payement immédiat, et sans aucun frais, des coupons Paris-Lyon-Méditerranée, Ouest, Est et Midi. — Payement sans frais des coupons échus des Rentes françaises, du Crédit foncier et des Obligations Ville de Paris. — **Régularisation** de titres. — Remboursement d'obligations. — Versements en retard. — Conversions. — Echanges. — **Renouvellements,** etc., etc. — **Transferts.**

PRÊTS SUR TITRES

Le **Crédit Lyonnais** prête sur rentes, obligations et actions françaises et étrangères, cotées ou non cotées à la Bourse de Paris.

Les intérêts sont calculés au taux des avances à la **Banque de France.**

La commission varie suivant la nature des titres.

LE
NOUVEL INDICATEUR

HORAIRE DES CHEMINS DE FER

et des Paquebots

ANCIEN INDICATEUR-NORIAC
TRANSFORMÉ

10ᵉ ANNÉE

Nouvelles des Chemins de Fer
et Bulletin Financier

Prix du Numéro : 60 centimes

Abonnement pour une Année : 20 fr.

ADMINISTRATION
62, Rue de Provence, PARIS

15 cent. à Paris, 25 cent. dans les départ.   Supplément 20 et 25 cent.

FRANCIS MAGNARD
Rédacteur en chef

A. PÉRIVIER
Secrétaire de la rédaction

RÉDACTION
De midi à minuit,
26, rue Drouot.

Les manuscrits ne sont pas rendus.

BUREAUX
26, rue Drouot, 26

LE FIGARO

Journal politique et quotidien

26, rue Drouot, Paris

H. DE VILLEMESSANT
Fondateur

FERNAND DE RODAYS
Administrateur

ABONNEMENTS
Départ : 3 mois.. 19 fr. 50
Paris : 3 mois... 16 fr. »

Annonces et réclames
Dollingen fils et Cᵉ, passage
des Princes
et à l'administration

PUBLICITÉ DANS LE FIGARO

Le *Figaro*, fondé par M. de Villemessant, est, depuis le 3 mai 1879, sous la direction de MM. Magnard, de Rodays et Périvier. C'est le plus important de tous les journaux français ; il est lu par toutes les classes intelligentes de la Société. Il tire tous les jours de 80 à 100,000 exemplaires et réalise chaque année plus de 2 millions de bénéfices. C'est l'organe le plus parisien, le plus indépendant. Il plaît à toutes les opinions, mais il est avant tout conservateur.

Comme la clientèle du *Figaro* se recrute principalement parmi les lecteurs riches, la publicité de ce journal est très recherchée par le commerce parisien et le commerce étranger.

Le *Figaro* est actuellement pour le Français raisonnable, plus soucieux de l'avenir de la France que de sa haine ou de ses rancunes de partis, ce que le *Times* est pour l'Anglais, à l'étranger : c'est le souvenir de Paris. En province, le *Figaro* apporte chaque jour à ceux qui ont habité Paris et qui en sont momentanément absents, la nouvelle du jour. Par lui, il apprend les succès de ses artistes aimés, il connaît la pièce nouvelle le lendemain de sa première représentation. Avant que le livre nouveau, qui doit en quelques jours être en toutes les mains, ait paru, il en a lu les fragments dans le *Figaro*.

La publicité du *Figaro* est excellente. Peu importe où elle soit placée : aux échos, aux nouvelles diverses, en première, seconde ou troisième page, en annonces à la quatrième page, ou en réclame dans la correspondance. Comme ses abonnés sont généralement riches, tous les meilleurs produits peuvent y être annoncés : objets d'arts, objets de première nécessité, établissements nouveaux, anciennes maisons connues et recommandables. Un mode de publicité très productif qui a été beaucoup employé dans le *Figaro* c'est l'*encartage*. De grandes maisons de librairie, de nouveautés, l'ont employé. Des suppléments dans le format du journal, renfermant les plus belles gravures des livres d'étrennes, ou les dessins des modes nouvelles et des joujoux d'invention récente, ont été distribués à tous les abonnés du *Figaro*.

S'adresser, pour les conditions de publicité, soit à M. Dollingen, fermier d'annonces, passage des princes, à Paris, soit directement à l'administration du Figaro, 26. rue Drouot.

PRIX DE LA PUBLICITÉ

Réclame dans le corps du journal........	20 et 40 fr. la ligne.
Petites annonces.......................	6 et 3 fr. la ligne.
Annonces de la 4ᵉ page..................	4 fr. la ligne.

20ᵉ Année. — Paris 15 centimes le Numéro. — Départements et gares, 20 centimes.

ARTHUR MEYER
Directeur

RÉDACTION
9, boul. des Italiens
de 2 h. à minuit

ABONNEMENTS
PETITES ANNONCES
RENSEIGNEMENTS
9, *boulevard des Italiens*

Le Gaulois

JOURNAL POLITIQUE ET QUOTIDIEN

9, boulevard des Italiens

H. DE PÈNE
Rédacteur en chef

ADMINISTRATION
9, boul. des Italiens
de 10 h. à 5 h.

ANNONCES
MM. Ch. Lagrange, Cerf
et Cᵉ, 6, pl. de la Bourse
Et à l'adminis. du Journal

Depuis le mois de juillet 1882, le Gaulois, dont M. Arthur Meyer a repris la direction avec M. H. Pène comme rédacteur en chef, a de nouveau marqué sa place à la tête de la presse quotidienne de Paris.

Aucun journal n'est plus parisien que **le Gaulois**, par l'allure vive et mondaine de sa rédaction, par la variété et le piquant de ses informations. Aucun n'est plus résolument conservateur, plus fermement respectueux de tout ce qui est respectable.

Le Gaulois, le **Paris-Journal** et le **Clairon**, réunis en une seule feuille, ont résolu le problème de plaire à la fois aux lecteurs sérieux et à ceux qui veulent avant tout être distrait par leur journal.

La nature de la clientèle du **Gaulois**, dont le nombre s'accroît chaque jour à Paris et en province, donne une valeur exceptionnelle à sa publicité.

PRIX DES ABONNEMENTS

PARIS	DÉPARTEMENTS	ÉTRANGER
Un mois... 5 fr. »	Un mois..... 6 fr.	Un mois.... 7 fr.
Trois mois. 13 fr. 50	Trois mois... 16 fr.	Trois mois... 18 fr.
Six mois.. 27 fr. »	Six mois..... 32 f..	Six mois..... 36 fr.
Un an.... 54 fr. »	Un an....... 64 fr.	Un an....... 72 fr.

Les frais de poste en plus pour les pays ne faisant pas partie de l'Union postale.

PRIX DE LA PUBLICITÉ

RÉCLAMES DANS LE CORPS DU JOURNAL.	20 et 10 FR.	LA LIGNE.
FAITS DIVERS.............................	9 FR.	—
ANNONCES ET RÉCLAMES DE 3ᵉ PAGE.,...........	6 FR.	—
ANNONCES DE LA 4ᵉ PAGE......................	2 FR. 50	—

CHEMINS DE FER DE L'EST

EXCURSIONS ET VOYAGES CIRCULAIRES
A PRIX RÉDUITS

VOYAGES CIRCULAIRES A PRIX RÉDUITS
POUR VISITER :

1° LES BORDS DU RHIN & LA BELGIQUE.

2° LA SUISSE CENTRALE (Oberland bernois) & LE LAC DE GENÈVE.

3° LE JURA & L'OBERLAND BERNOIS.

4° LA SUISSE & LE GRAND-DUCHE DE BADE.

5° L'ALLEMAGNE DU SUD, L'AUTRICHE & LA SUISSE.

6° LES VOSGES & BELFORT.

VOYAGES CIRCULAIRES communs : 1° entre les Compagnies de Lyon, de l'Est et du Nord, pour visiter le Midi et l'Est de la France, la Belgique, la Hollande, les bords du Rhin et la Suisse ; 2° entre les Compagnies de l'Est et de Lyon pour visiter la Suisse et l'Italie, au nord et au sud des Alpes, viâ Saint-Gothard, Mont-Cenis ou Vintimille. — Des billets sont délivrés dans toutes les stations des chemins de fer de l'Est situées sur l'itinéraire à parcourir. Pour les prix et conditions. voir le Livret des voyages circulaires ou d'excursions des chemins de fer de l'Est de 1886. Pour les voyages circulaires au Nord et au Sud des Alpes, voir aussi les itinéraires qui figurent dans l'Indicateur général.

Pour tous les détails concernant lesdits **Voyages circulaires à prix réduits**, les prix des billets, les divers itinéraires facultatifs à suivre, etc., etc., consulter les affiches et les prospectus de la **Compagnie de l'Est** que les voyageurs trouveront dans toutes les gares du réseau de l'Est.

PARIS-BALE. — Pendant la saison d'Été, *du 15 mai au 15 octobre*, la Compagnie fait délivrer à la gare de PARIS des billets de PARIS à BALE viâ Belfort-Delle ou viâ Belfort-Mulhouse et retour.
Prix des billets valables pendant **un mois** : 1re cl. 106 fr. 05 ; — 2e cl. 79 fr. 35.
Les voyageurs ont droit au transport de 30 kil. de bagages sur tout le parcours.

PARIS-LUCERNE. — Pendant la saison d'Été, du 15 mai au 15 octobre, la Compagnie fait délivrer à la gare de Paris des billets de Paris à Lucerne viâ Belfort-Delle ou viâ Belfort-Petit-Croix et retour.
Prix des billets valables pendant **60 jours** : 1re cl. 124 fr. 30 ; 2e cl. 92 fr. 95.
Les voyageurs ont droit au transport gratuit de 30 kilog. de bagages sur tout le parcours.

VOYAGES CIRCULAIRES DE VACANCES. — Itinéraires établis au gré des voyageurs, La Compagnie des chemins de fer de l'Est met à la disposition du public pour la saison des vacances, à partir du 1er juillet jusqu'au 15 octobre, 1° des billets à prix réduits de voyages circulaires sur son réseau, à itinéraires composés au gré des voyageurs, pour le parcours de 300 kilomètres et au-dessus ; 2° des billets à prix réduits de voyages circulaires communs entre la Compagnie des Chemins de l'Est et celle de Paris à Lyon et à la Méditerranée, à itinéraires facultatifs permettant d'effectuer, en empruntant les deux réseaux, des parcours totaux de 500 kilomètres et au-dessus, devant former des circuits complètement fermés, afin que le voyageur revienne à son point de départ. Les prix et conditions de ces voyages sont portés à la connaissance du public par un livret spécial.

CHEMIN DE FER DE PARIS A ORLÉANS

EXCURSIONS

Sur les bords de la Loire et dans la Vendée, la Charente-Inférieure,
le Poitou, l'Angoumois, le Bordelais, la Dordogne, le Limousin, la Creuse, l'Allier et le Berrry
Durée 30 jours : 1re classe, 155 fr. — 2e classe, 120

EXCURSIONS EN TOURAINE, AUX CHATEAUX DES BORDS DE LA LOIRE
ET AUX STATIONS BALNÉAIRES

DE LA LIGNE DE SAINT-NAZAIRE AU CROISIC ET A GUÈRANDE

1er ITINÉRAIRE. — Durée : 30 jours. — Prix des billets : 1re cl., 95 francs. — 2e cl., 70 francs.
2e ITINÉRAIRE. — Durée : 15 jours. — Prix des billets : 1re cl., 60 francs. — 2e cl. 45 francs.

VOYAGES CIRCULAIRES DE VACANCES
A ITINÉRAIRES AU GRÉ DES VOYAGEURS

La Compagnie délivre chaque année pour la saison des vacances, du 10 juillet au 15 octobre, des billets à prix réduits de voyages circulaires à itinéraires au gré des voyageurs.

L'itinéraire est établi par le voyageur lui-même.

Il doit former un circuit fermé, suivi toujours dans le même sens et ramenant le voyageur à la gare de départ sans le faire repasser par des portions de ligne déjà parcourues.

A ce circuit peuvent être ajoutées des parties de ligne formant impasses et se rattachant au circuit, à la condition qu'elles soient parcourues dans les deux sens.

Le point de départ peut être situé sur une de ces impasses.

Pèlerinage de Sainte-Anne d'Auray (Morbihan). — Du 1er Mai au 15 Octobre inclusivement, des Billets d'aller et retour, de toutes classe, pour les stations d'Auray et de Sainte-Anne d'Auray, avec réduction de 40 0[0 sur le prix ordinaire des places.

Aux gares de Landerneau, Douarnenez, Pont-l'Abbé, Concarneau, Pontivy, Quiberon, Ploermel, Saint-Nazaire, Le Croisic, Guérande, Issé et Angers, ainsi qu'aux gares et stations comprises entre ces divers points.

Pèlerinage de Rocamadour (Lot.)— Du 1er Mai au 31 Octobre inclusivement, des Billets aller et retour, de toutes classes, pour Rocamadour, avec réduction de 40 0[0 sur le prix ordinaire des places.

Aux gares de Montauban, Rodez, Aurillac, Toulouse, Albi, Limoges, Périgueux et Tulle, ainsi qu'aux gares et stations comprises entre ces divers points.

Bains de mer. A Saint-Nazaire, au Croisic et aux points intermédiaires entre Saint-Nazaire et Le Croisic. — Du 1er Juin au 1er Octobre de chaque année, il est délivré pour les stations comprises entre Saint-Nazaire (inclus), Le Croisic (inclus) et Guérande (inclus), des Billets aller et retour de toutes classes, avec réduction de 40 0[0 sur les prix des tarifs généraux, savoir :

Les Vendredi, Samedi et Dimanche de chaque semaine, aux gares de Tours et de Chateaubriant, ainsi qu'aux gares et stations intermédiaires comprises entre ces deux points et Saint-Nazaire.

Ces billets sont valables pour le retour : Ceux délivrés les Vendredi et Samedi, jusqu'au Lundi suivant inclusivement ; ceux délivrés le Dimanche, jusqu'au Mardi suivant inclusivement. — Ils donnent droit à l'admission dans tous les trains réguliers de voyageurs. — Toutefois les billets de 2e et 3e classes ne sont admis que dans les trains qui comportent des voitures de ces classes.

SAISON THERMALE DE 1886

DE PARIS AU MONT-DORE ET A LA BOURBOULE

Depuis le 1er Juin jusqu'au 15 Septembre, un double service direct par train express de jour et de nuit est organisé entre PARIS et LAQUEUILLE, par Limoges et Ussel, pour desservir les stations thermales du MONT-DORE et de la BOURBOULE.

Les trains affectés à ce service comprennent des voitures de 1re et de 2e classe, qui font le trajet entier sans transbordement;

Prix des places de Paris au Mont-Dore ou à la Bourboule.

En voiture de 1re classe,.................... Fr. 60 60 } dans chaque sens du parcours
—   2e classe.................... 45 60 {

CHEMINS DE FER D'ORLÉANS ET DU MIDI : EXCURSIONS
DANS LE

CENTRE DE LA FRANCE & LES PYRÉNÉES
Durée : 30 jours. —1re classe, 225 fr. — 2e classe, 170 fr.

Quelques modifications pourront être apportées, dans le courant de l'année, aux voyages circulaires ci-dessus mentionnés : du reste pour toutes les particularités relatives auxdits voyages, demander dans toutes les gares du réseau les prospectus de chaque voyage, qui se distribuent gratuitement.

CHEMINS DE FER DU MIDI

VOYAGE A PRIX RÉDUITS AUX PYRÉNÉES

Billets de 1re classe délivrés toute l'année et valables pendant 20 jours (1),
avec facilité d'arrêt à toutes les stations du parcours.

PRIX DES BILLETS ET DÉSIGNATION DES PARCOURS :

75 fr. pour l'un des trois parcours suivants :

Premier parcours. — Bordeaux-St-Jean — Agen — Montauban — Toulouse-Matabiau — Montréjeau — Bagnères-de-Luchon — Tarbes — Bagnères-de-Bigorre — Mont-de-Marsan — Arcachon — Bordeaux-St-Jean.

Deuxième parcours. — Bordeaux-St-Jean — Agen — Montauban — Toulouse-Matabiau — Montréjeau — Bagnères-de-Luchon — Tarbes — Bagnères-de-Bigorre — Pierrefitte-Nestalas — Pau — Bayonne — Dax — Arcachon — Bordeaux-St-Jean.

Troisième parcours, — Bordeaux-St-Jean — Arcachon — Mont-de-Marsan — Tarbes — Bagnères-de-Bigorre — Montréjeau — Bagnères-de-Luchon — Pierrefitte-Nestalas — Pau — Bayonne — Dax — Bordeaux-St-Jean.

100 fr. pour l'un des quatre parcours suivants :

Quatrième parcours. — Bordeaux-St-Jean — Agen — Montauban — Toulouse-Matabiau — Castelnaudary — Carcassonne — Narbonne — Béziers — Cette — Toulouse-Matabiau — Montréjeau — Bagnères-de-Luchon — Tarbes — Bagnères-de-Bigorre — Mont-de-Marsan — Arcachon — Bordeaux-St-Jean.

Cinquième parcours. — Bordeaux-St-Jean — Agen — Montauban — Toulouse-Matabiau — Castelnaudary — Carcassonne — Narbonne — Béziers — Cette — Toulouse-Matabiau — Montréjeau — Bagnères-de-Luchon — Tarbes — Bagnères-de-Bigorre — Pierrefitte-Nestalas — Pau — Bayonne — Dax — Arcachon — Bordeaux-St-Jean.

Sixième parcours. — Bordeaux-St-Jean — Agen — Montauban — Toulouse-Matabiau — Castelnaudary — Carcassonne — Narbonne — Perpignan — Toulouse-Matabiau — Montréjeau — Bagnères-de-Luchon — Tarbes — Bagnères-de-Bigorre — Mont-de-Marsan — Arcachon — Bordeaux-St-Jean.

Septième parcours. — Bordeaux-St-Jean — Agen — Montauban — Toulouse-Matabiau — Castelnaudary — Carcassonne — Narbonne — Perpignan — Toulouse-Matabiau — Montréjeau — Bagnères-de-Luchon — Tarbes — Bagnères-de-Bigorre — Pierrefitte-Nestalas — Pau — Bayonne — Dax — Arcachon — Bordeaux-St-Jean.

En demandant son billet, le voyageur doit indiquer explicitement le parcours qu'il désire suivre. — Le voyageur porteur d'un billet du 1er, 2e, 3e, 4e, 5e, 6e ou 7e parcours, qui passe par Mont-de-Marsan, perd tout droit de parcours entre Tarbes, Pau, Bayonne, Dax et Morcenx; celui qui passe par Pau, Bayonne et Dax perd tout droit de parcours entre Tarbes, Mont-de-Marsan et Morcenx. — Pour les 2e, 3e, 5e et 7e parcours, le trajet Pau-Bayonne-Dax peut être remplacé par le trajet Pau-Mimbaste-Dax.

Les billets sont délivrés dans les stations indiquées ci-dessus ; ils peuvent être pris à l'avance et sont valables à partir du jour où ils ont été timbrés par la première station de départ.

Le billet est personnel. Le voyageur est tenu d'y apposer sa signature au moment de la délivrance, et de la reproduire toutes les fois qu'il en est requis.

Au-dessous de 3 ans, les enfants sont transportés gratuitement, et doivent être placés sur les genoux des personnes qui les accompagnent ; de 3 à 7 ans, ils payent demi-place ; au-dessus de 7 ans, ils payent place entière.

OBSERVATIONS IMPORTANTES

Le voyage peut s'effectuer sur chacun des parcours désignés ci-dessus, de l'une quelconque des stations explicitement mentionnées sur ce parcours.

Le voyageur peut choisir l'un ou l'autre des directions qui peuvent être suivies à partir de la station du départ ; mais, dans tous les cas, il doit parcourir son itinéraire dans l'ordre où les stations du trajet sont désignées dans les parcours mentionnés ci-dessus ou dans l'ordre inverse, suivant la direction choisie au départ.

Le voyageur peut s'arrêter à toutes les stations du réseau situées sur celui des parcours circulaires qu'il a choisi, à la seule condition de faire estampiller son billet au départ de chaque station d'arrêt.

Le prix de 75 fr. s'applique indistinctement au premier, au deuxième ou au troisième parcours.

Le prix de 100 fr. s'applique aussi indistinctement à chacun des quatre autres parcours.

Les voyageurs supportent les frais des excursions en dehors des itinéraires ci-dessus.

BAGAGES. — Le voyageur qui acquitte le prix de son billet (75 fr. ou 100 fr., selon l'itinéraire choisi) a droit au transport gratuit, sur le chemin de fer, de 30 kilog. de bagages. Cette franchise ne s'applique pas aux enfants transportés gratuitement et elle est réduite à 20 kilog., pour les enfants transportés à moitié prix : les excédents de bagages sont taxés d'après le Tarif général de la Compagnie.

Pour chaque partie du parcours, les bagages sont enregistrés à chaque point de départ ; ils peuvent être expédiés à l'avance, sous condition du payement du droit accessoire de dépôt, d'après le Tarif général de la Compagnie.

(1) Ce délai est porté à 25 jours pour tout voyageur qui prend un des billets spéciaux d'aller et retour que la Compagnie délivre aux gares d'embranchement, pour des parcours supplémentaires non compris dans les itinéraires des voyages circulaires.

CHEMINS DE FER DE L'OUEST

ABONNEMENTS SUR TOUT LE RÉSEAU. — La Compagnie des chemins de fer de l'Ouest fait délivrer, sur tout son réseau, des cartes d'abonnement nominatives et personnelles en 1re, 2e et 3e classes.

Ces cartes donnent droit à l'abonné de s'arrêter à toutes les stations comprises dans le parcours indiqué sur sa carte et de prendre tous les trains comportant des voitures de la classe pour laquelle l'abonnement a été souscrit.

Les prix sont calculés d'après la distance kilométrique parcourue.

La durée de ces abonnements est de trois mois, six mois ou d'une année.

Ces abonnements partent du 1er de chaque mois.

EXCURSIONS
SUR LES
COTES DE NORMANDIE ET EN BRETAGNE

Billets d'ALLER et RETOUR, valables pendant un mois délivrés de Mai à Octobre

1re CLASSE — **1er ITINÉRAIRE** — **2e CLASSE**
50fr. » — **38fr. »**

Paris — Rouen — Le Havre — Fécamp — Saint-Valery. — Dieppe — Arques — Forges-les-Eaux. — Gisors — Paris.

1re CLASSE — **2e ITINÉRAIRE** — **2e CLASSE**
60fr. » — **45fr. »**

Paris — Rouen — Dieppe — Saint-Valery — Fécamp — Le Havre — Honfleur ou Trouville-Deauville — Caen — Paris.

1re CLASSE — **3e ITINÉRAIRE** — **2e CLASSE**
80fr. » — **65fr. »**

Paris — Rouen — Dieppe — Saint-Valery Fécamp — Le Havre — Honfleur ou Trouville-Deauville — Cherbourg — Caen — Paris.

1re CLASSE — **4e ITINÉRAIRE** — **2e CLASSE**
90fr. » — **70fr. »**

Paris — Granville — Avranches — Mont-Saint-Michel — Dol — St-Malo — Dinan — Rennes — Le Mans — Paris.

1re CLASSE — **5e ITINÉRAIRE** — **2e CLASSE**
100fr. » — **80fr.**

Paris — Cherbourg — Coutances — Granville — Avranches — Mont-Saint-Michel — Dol — St-Malo — Dinan — Rennes — Le Mans — Paris.

1re CLASSE — **6e ITINÉRAIRE** — **2e CLASSE**
100fr. » — **80fr. »**

Paris — Rouen — Dieppe — St-Valery — Fécamp — Le Havre — Honfleur ou Trouville — Caen — Cherbourg — Coutances — Granville. — Paris.

1re CLASSE — **7e ITINÉRAIRE** — **2e CLASSE**
120fr. » — **100fr.**

Paris — Rouen — Dieppe — Saint-Valery Fécamp — Le Havre — Honfleur ou Trouville — Caen — Cherbourg — Coutances Granville — Avranches — Mont-Saint-Michel — Dol — Saint-Malo — Dinan — Rennes — Laval — Le Mans — Chartres. — Paris.

1re CLASSE — **8e ITINÉRAIRE** — **2e CLASSE**
120fr. — **100fr.**

Paris — Granville — Avranches — Mont-Saint-Michel — Dol — Saint-Malo — Dinan — Saint-Brieuc — Lannion — Morlaix — Roscoff — Brest — Rennes — Le Mans — Paris.

1re CLASSE — **9e ITINÉRAIRE** — **2e CLASSE**
130fr. — **110fr.**

Paris — Caen — Cherbourg — Coutances Granville — Avranches — Mont-Saint-Michel — Dol — Saint-Malo — Dinan — Saint-Brieuc — Lannion — Morlaix — Roscoff — Brest — Rennes — Vitré — Laval — Le Mans — Chartres — Paris.

NOTA. — *Les prix ci-dessus comprennent les parcours en bateaux et en voitures publiques indiqués dans les itinéraires.*

Les Billets sont délivrés à Paris, aux Gares Saint-Lazare et Montparnasse et aux Bureaux de Ville de la Compagnie.

(1) La durée de ces billets peut être prolongée d'un mois, moyennant la perception d'un droit de 10 p. 100, si la prolongation est demandée, aux principales gares dénommées aux itinéraires, pour un billet non périmé.

SERVICE DE PARIS A LONDRES PAR DIEPPE ET NEWHAVEN
Par Trains rapides

Billets simples valables pour 7 jours			Aller et Retour valables pour 1 mois		
1re CLASSE	2e CLASSE	3e CLASSE	1re CLASSE	2e CLASSE	3e CLASSE
42 fr. 50	31 fr. 25	22 fr. 50	71 fr. 25	51 fr. 25	40 fr.

Billets d'Aller et Retour pour Liverpool, Manchester, Birmingham et Dublin

Les Billets d'Excursion et de Paris à Londres sont délivrés à Paris, aux gares Saint-Lazare et Montparnasse, et dans les divers bureaux de ville de la Compagnie.

CHEMINS DE FER DE L'OUEST

BAINS DE MER

BILLETS D'ALLER ET RETOUR A PRIX RÉDUITS
Valables du VENDREDI au LUNDI inclusivement

DÉLIVRÉS DU 1er MAI AU 31 OCTOBRE

DE PARIS AUX GARES SUIVANTES	BILLETS ALLER ET RETOUR			
	1re classe.		2e classe	
	Fr.	C.	Fr.	C.
DIEPPE. — Criel, Puys, Pourville............................	30	»	22	»
LE TRÉPORT...	33	20	23	60
CANY. — Veulettes, les Petites-Dalles.......................				
SAINT-VALERY-EN-CAUX. — Veules.........................				
LE HAVRE. — Sainte-Adresse, Bruneval.....................				
LES IFS. — Etretat, Vaucottes-sur-Mer, Bruneval...........				
FÉCAMP. — Yport, Etretat, Vaucottes-sur-Mer, Bruneval, les Petites-Dalles........	33	»	24	»
TROUVILLE-DEAUVILLE. — Villerville......................				
VILLERS-SUR-MER. — Houlgate............................				
HONFLEUR...				
CAEN...				
CABOURG. — Le Home-Varaville...........................				
DIVES..	37	»	27	»
BEUZEVAL. — Houlgate....................................				
LUC, LION-SUR-MER, LANGRUNE...........................				
SAINT-AUBIN, BERNIÈRES.......) Ces prix comprennent	38	»	28	»
COURSEULLES — Ver-sur-Mer..... (le parcours total.				
BAYEUX. — Arromanches, Port-en-Bessin, Asnelles..........	40	»	30	»
ISIGNY. — Grand-Camp, Sainte-Marie-du-Mont.............	44	»	33	»
VALOGNES.— Port-Bail, Carteret, Quinéville, St-Vaast la Hougue.	50	»	38	»
CHERBOURG..	55	»	42	»
COUTANCES. — Agon, Coutainville, Régneville..............	57	»	44	»
GRANVILLE. — Saint-Pair, Donville.......................	50	»	38	»
ST-MALO-ST-SERVAN. — Dinard-St-Enogat, St-Lunaire, St-Briac, Paramé........	66	»	50	»
LAMBALLE. — Erquy, le Val-André.........................	68	»	51	»
SAINT-BRIEUC. — Portrieux, Saint-Quay...................	79	»	59	»
LANNION. — Perros, Guirec...............................	81	»	61	»
MORLAIX. — Saint-Jean-du-Doigt, Saint-Pol-de-Léon........	85	»	64	»
ROSCOFF. — Ile de Batz..................................	66	»	50	»
SAINT-NAZAIRE..				
EAUX THERMALES				
FORGES-LES-EAUX (Seine-Inf.), ligne de Dieppe par Gournay....	21	45	16	05
BAGNOLES-DE-L'ORNE, par Briouze et la Ferté-Macé. *Ces prix comprennent le parcours total.*............	45	»	34	»

DÉPART par tous les trains du **Vendredi**, du **Samedi** et du **Dimanche**.
RETOUR par tous les trains du **Dimanche** et du **Lundi**.
Toutefois ces billets sont valables le **Jeudi** par les trains partant de Paris dès 6 h. 30 soir.
Par exception, les billets pour **Saint-Malo, Lamballe Saint-Brieuc, Lannion, Morlaix** et **Roscoff** sont valables au retour jusqu'au Mardi inclusivement.

Les billets de *Paris* au *Havre* sont admis au retour par *Honfleur, Trouville-Deauville* et *Caen*; ceux de *Paris* à *Honfleur, Trouville-Deauville* et *Caen*, sont admis au retour par le *Havre*.
NOTA. — Les prix ci-dessus ne s'appliquent qu'au parcours en chemin de fer.

VOYAGES CIRCULAIRES OU D'EXCURSIONS
SUR LES CHEMINS DE FER
De Paris à Lyon et à la Méditerranée

Les billets de ces voyages se délivrent pendant toute l'année,
à l'exception des billets des voyages ci-après dont l'émission a lieu
pendant les périodes suivantes :
4 A (valables pendant 2 mois), du 1er juin au 31 août;
4 A (— — 1 mois), 4 B, 4 C, 4 D, 81 à 83 du 1er juin au 30 septembre ;
67 et 68, du 1er mai au 31 août;
71 à 76, du 1er mai au 30 septembre.

NOMENCLATURE DES ITINÉRAIRES

*1 Paris, Dijon, Besançon, Pontarlier, Neuchâtel, Berne, Fribourg, Lausanne,
Genève, Aix-les-Bains, Annecy, Modane, Bourg (ou Lyon), Paris. 45 jours;
1re cl. 161 fr., 2e cl. 121 fr.

2 Paris, Nevers, Vichy, Clermont-Ferrand, Montbrison, Saint-Etienne, Lyon,
Aix-les-Bains, Annecy, Modane, Bourg (ou Lyon), Dijon, Paris. 45 jours;
1re cl. 160 fr., 2e cl. 120 fr.

4 Paris, Dijon, Pontarlier, Neuchâtel, Berne, Interlaken, Fribourg, Lausanne,
Genève, Mâcon (ou Vallorbes). Pontarlier, Dôle). Dijon, Paris. 30 jours :
1re cl. 138 fr., 2e cl. 105 fr.; et 60 jours, 1re cl. 150 fr., 2e cl. 114 fr.

4 A Paris, Dijon, Mâcon, Genève, Lausanne, Fribourg, Berne, Thoune, Dar-
ligen, Interlaken, Bonigen, Brienz, Alpnach, Lucerne, Olten, Bâle, Mulhouse (ou
Delle), Belfort, Paris. 1 mois; 1re cl. 152 fr. 95, 2e cl. 119 fr. 35, et 2 mois :
1re cl. 166 fr. 40, 2e cl. 129 fr. 50.

4 B Paris, Dijon, Pontarlier, Neuchâtel, Berne, Thoune, Darlingen, Interlaken,
Bonigen, Brienz, Alpnach, Lucerne, Olten, Bienne, Délemont, Delle (ou Bâle,
Mulhouse), Belfort, Paris. 1 mois. vià Belfort-Delle ; 1re cl. 138 fr. 95, 2e cl. 108 fr 85,
et 1 mois, vià Belfort, Mulhouse-Bâle, 1re cl. 145 fr. 25, 2e cl. 113 fr. 55.

4 C Paris, Dijon, Besançon, Neuchâtel, Bienne, Olten, Aarau, Zurich, Winterthour, Romanshorn, lac de Constance, Lindau, Munich, Salzbourg, Vienne, Gratz,
Villach, Innsbruck, Feldkirch (Feldkirch à Bâle. 3 itinéraires au choix du voyageur), Bâle, Belfort, Paris. 40 jours ; 1re cl. 266 fr. 90, 2e cl. 194 fr. 90.

4 D Paris à Lyon, par 5 itinéraires au choix du voyageur, Grenoble, Cham-
béry, Aix-les-Bains, Genève, Lausanne, Fribourg, Berne, Olten, Aarau, Zurich,
Winterthour, Romanshorn, lac de Constance, Lindau, Munich, Salzbourg, Vienne,
(Vienne à Bischofshofen, 3 itinéraires au choix du voyageur). Innsbruck, Feld-
kirch (Feldkirch à Bâle, 3 itinéraires au choix du voyageur), Bâle, Belfort,
Paris. 40 jours; 1re cl. 289 fr. 25, 2e cl. 209 fr. 70.

5 Paris, Dijon, Besançon, Neuchâtel, Berne, Fribourg, Lausanne, Genève,
Lyon, Avignon, Aix, Marseille, Menton, Marseille, Nîmes, Cette, Perpignan,
Toulouse, Foix, Bagnères-de-Luchon, Tarbes, Bagnères-de-Bigorre, Lourdes,
Pau, Bayonne, Biarritz, Bordeaux, Poitiers, Niort, Angers, Tours, Orléans, Paris.
45 jours ; 1re cl. 316 fr., 2e cl. 236 fr.

6 Paris, Dijon, Besançon, Neuchâtel, Berne, Fribourg, Lausanne, Genève,
Lyon, Le Puy, Vichy, Clermont-Ferrand, Aurillac, Rodez, Toulouse, Foix, Bagnères-de-Luchon, Bagnères-de-Bigorre, Lourdes, Pau, Biarritz, Arcachon, Bordeaux, Tours, Paris. 45 jours; 1re cl. 256 fr., 2e cl. 191 fr.

6 bis Dijon à Saint-Sulpice-Laurières par Nevers et Bourges ou par Clermont-
Ferrand-Gueret, Saint-Sulpice-Laurières à Coutras par Poitiers ou Périgueux,
Bordeaux, Biarritz, Bagnères, Toulouse, Perpignan, Montpellier, Nîmes, Nîmes
à Lyon par l une des deux rives du Rhône, Dijon. 30 jours; 1re cl. 218 fr.
2e cl. 164 fr.

*7 Paris, Dijon, Lyon, Grenoble, Modane, Aix, Genève, Lausanne, Fribourg,
Berne, Neuchâtel, Pontarlier, Besançon, Dijon, Paris. 30 jours; 1re cl. 161 fr.,
2e cl. 121 fr.

* Le parcours Aix-les-Bains, Annecy, Annemasse, peut être substitué au parcours Aix-les-Bains, Culoz, Genève. Omnibus entre Genève et Annemasse à la
charge des voyageurs.

VOYAGES CIRCULAIRES OU D'EXCURSIONS (Suite)

8 Paris, Dijon. Besançon, Bourg, Aix-les-Bains, Annecy. Grenoble, Lyon, Roanne, Vichy, Nevers, Montargis, Paris. 30 jours; 1re cl. 100 fr. 2e cl. 75 fr.

9 Paris, Dijon (ou Clamecy, Roanne), Lyon, Saint-Etienne, Le Puy, Clermont-Ferrand, Vichy, Nevers, Paris (viâ Moret ou viâ Corbeil). 30 jours; 1re cl. 100 fr. 2e cl. 75 fr.

9 A Paris. Dijon, Mâcon, Ambérieu, Evian, Ambérieu ou Grenoble, Lyon, Dijon ou Vichy, Paris. 45 jours ; 1re cl. 135 fr., 2e cl. 110 fr.

9 B Paris, Dijon (ou Clamecy, Paray-le-Monial), Mâcon, Genève, Evian, Aix-les-Bains, Albertville, Grenoble. Saint-Georges-de-Commiers. Lyon, Lyon à Vichy par 3 itinéraires au choix du voyageur, Nevers, Paris. 45 jours ; 1re cl. 150 fr., 2e cl. 115 fr.

10 Dijon, Gray, Besançon, Pontarlier, Lons-le-Saulnier, Genève, Lyon, Dijon. 30 jours; 1re cl. 68 fr., 2e cl. 51 fr.

*11 Lyon, Grenoble, Aix-les-Bains, Annecy, Genève, Mâcon, Lyon. 15 jours; 1re cl. 58 fr., 2e cl. 44 fr.

12 Lyon, Grenoble, Gap, Grenoble, Romans, Valence, Vienne (ou Givors), Lyon. 15 jours; 1re cl. 56 fr., 2e cl. 42 fr.

*13 Lyon, Genève. Chambéry, Grenoble. Gap, Marseille, Avignon, Valence (ou Nîmes, Pont-St-Esprit, Givors), Lyon. 30 jours ; 1re cl. 71 fr., 2e cl. 54 fr.

14 Lyon, Saint-Etienne, Le Puy, Brioude, Clermont-Ferrand, Thiers, Saint-Etienne, Lyon. 15 jours; 1re cl. 45 fr., 2e cl. 34 fr.

*15 Lyon, Genève, Aix-les-Bains, Grenoble, Lyon. 15 jours ; 1re cl. 44 fr. 2e cl. 33 fr.

*16 Lyon, Grenoble, Modane, Aix-les-Bains, Genève, Lyon. 15 jours; 1re cl. 58 fr., 2e cl. 44 fr.

17 Marseille, Cannes, Grasse, Nice, Vintimille, Marseille. 15 jours; 1re cl. 56 fr., 2e cl. 42 fr.

18 Marseille, Nîmes, Clermont-Ferrand, Thiers, St-Etienne, Lyon, Valence, Avignon (ou Givors, Pont-St-Esprit, Nîmes), Marseille. 30 jours; 1re cl. 60 fr., 2e cl. 45 fr.

19 Marseille, Avignon, Valence, Grenoble, Aix-les-Bains, Lyon, Valence, Avignon (ou Givors, Pont-St-Esprit, Nîmes), Marseille. 30 jours; 1re cl. 70 fr., 2e cl. 53 fr.

20 Nevers, Vichy, Clermont-Ferrand, Le Puy, St-Etienne, Lyon, Roanne, Nevers. 15 jours; 1re cl. 62 fr., 2e cl. 47 fr.

*21 Nevers, Vichy, Clermont-Ferrand. Le Puy, St-Etienne, Lyon, Grenoble, Aix-les-Bains, Geneve, Mâcon, Autun (ou le Creuzot), Nevers. 30 jours; 1re cl. 74 fr., 2e cl. 56 fr.

*22 Nevers, Vichy, Clermont-Ferrand, Nîmes, Tarascon, Marseille, Aix, Avignon, Valence, Grenoble, Aix-les-Bains, Genève, Lyon, Dijon, Chagny, Autun (ou le Creuzot), Nevers. 45 jours; 1re cl. 83 fr., 2e cl. 62 fr.

23 Lyon, Dijon, Autun (ou le Creuzot), Nevers, Vichy, Clermont-Ferrand, Montbrison, St-Etienne, Lyon. 30 jours, 1re cl. 64 fr., 2e cl. 49 fr.

24 Lyon, Dijon, Autun (ou le Creuzot), Nevers, Vichy, Clermont-Ferrand, Arvant, Le Puy, St-Etienne, Lyon. 30 jours; 1re cl. 67 fr., 2e cl. 51 fr.

*25 Lyon, St-Etienne, Le Puy, Nîmes, Tarascon, Marseille, Aix, Cavaillon, Avignon, Valence, Grenoble, Aix-les-Bains, Genève, Lyon. 30 jours; 1re cl. 75 fr., 2e cl. 57 fr.

*26 Lyon, St-Etienne, Thiers, Clermont-Ferrand, Nîmes, Tarascon, Marseille, Aix, Cavaillon, Avignon, Valence, Grenoble, Aix-les-Bains, Genève, Lyon. 30 jours; 1re cl. 76 fr., 2e cl. 57 fr.

*27 Lyon, Valence (ou Givors, Saint-Peray), Avignon, Cavaillon, Aix, Marseille, Digne, Gap, Grenoble, Aix-les-Bains, Genève, Lyon. 30 jours; 1re cl. 72 fr., 2e cl. 55 fr.

28 Lyon, Valence (ou Givors, Saint-Peray), Avignon, Cavaillon, Aix, Marseille, Digne, Gap, Grenoble, Lyon. 30 jours; 1re cl. 67 fr., 2e cl. 51 fr.

*29 Marseille, Digne, Gap, Grenoble, Aix-les-Bains, Genève, Grenoble, Lyon, St-Etienne, Le Puy, Nîmes. Tarascon, Marseille. 30 jours; 1re cl. 77 fr., 2e cl. 58 fr.

30 Marseille, Aix, Cavaillon, Avignon, Tarascon, Nîmes, Cette, Aigues-Mortes, Arles, Marseille. 15 jours ; 1re cl. 44 fr., 2e cl. 33 fr.

31 Marseille, Aix, Cavaillon, Livron, Alais ou Bagnols, Nîmes, Cette, Aigues-Mortes, Arles, Marseille. 30 jours; 1re cl. 64 fr., 2e cl. 48 fr.

VOYAGES CIRCULAIRES OU D'EXCURSIONS (Suite)

32 Paris à Cette (*vià* Clermont-Ferrand, ou *vià* Dijon-Lyon, avec faculté de passage par Marseille), Cerbère, Barcelone, Valence, Albacete, Madrid, Tolède, Madrid, Salamanque, Zamora, Valladolid, Burgos, Bilbao, Irun, Bordeaux, Tours, Paris. 45 jours (en Espagne 35 jours); 1re cl. 328 fr. 25, 2e cl. 243 fr. 80.

33 Paris à Cette (*vià* Clermont-Ferrand, ou *vià* Dijon-Lyon, avec faculté de passage par Marseille), Perpignan, Cerbère, Barcelone, Valence, Encina, Cordoue, Grenade, Malaga, La Roda, Utréra, Cadix, Xérès, Séville, Cordoue, Aranjuez, Madrid, Tolède, Madrid, Escurial, Avila, Zamora, Salamanque, Médina, Valladolid, Santander, Burgos, Bilbao, St-Sébastien, Irun, Bayonne, Tours, Paris. 65 jours (en Espagne 55 jours); 1re cl. 451 fr. 65, 2e cl. 337 fr. 50.

34 Paris à Cette (*vià* Clermont-Ferrand, ou *vià* Dijon-Lyon, avec faculté de passage par Marseille), Perpignan, Cerbère, Barcelone, Tarragone, Sagunto, Valence, La Encina, Ciudad-Réal, Badajoz, Porto, Lisbonne, Valencia de Alcantara, Caceres, Talavera-de-la-Reina, Madrid, Tolède, Aranjuez, Madrid, Escurial, Avila, Zamora, Salamanque, Médina, Valladolid, Santander, Burgos, Bilbao, Saint-Sébastien, Irun, Bayonne, Bordeaux, Tours, Paris. 70 jours (en Espagne et en Portugal, 60 jours); 1re cl. 445 fr. 30, 2e cl. 333 fr 50.

35 Paris à Cette (*vià* Clermont-Ferrand, ou *vià* Dijon-Lyon, avec faculté de passage par Marseille), Cerbère, Barcelone, Valence, La Encina, Alcazar, Cordoue, Séville, Xérès, Cadix, La Roda, Grenade, Bobadilla, Malaga, Cordoue, Badajoz, Porto, Lisbonne, Valencia de Alcantara, Madrid, Tolède, Madrid, Avila, Zamora, Salamanque, Valladolid, Santander, Burgos, Bilbao, Irun, Bordeaux, Tours, Paris. 85 jours (en Espagne et en Portugal, 75 jours); 1re cl. 539 fr. 40, 2e cl. 404 fr. 80.

36 Au départ de Lyon, même itinéraire en Espagne et même validité que pour le 32e itinéraire. 1re cl. 303 fr. 20, 2e cl. 225 fr.

37 Au départ de Lyon, même itinéraire en Espagne et même validité que pour le 33e itinéraire. 1re cl. 426 fr. 60, 2e cl. 318 fr. 70.

38 Au départ de Lyon, même itinéraire en Espagne et en Portugal et même validité que pour le 34e itinéraire. 1re cl. 420 fr. 25, 2e cl. 314 fr. 70.

39 Au départ de Lyon, même itinéraire en Espagne et en Portugal et même validité que pour le 35e itinéraire. 1re cl. 514 fr. 35, 2e cl. 386 fr.

40 Au départ de Marseille, même itinéraire en Espagne et même validité que pour le 32e itinéraire. 1re cl. 277 fr. 50, 2e cl. 205 fr. 75.

41 Au départ de Marseille, même itinéraire en Espagne et même validité que pour le 33e itinéraire. 1re cl. 400 fr. 90, 2e cl. 299 fr. 45.

42 Au départ de Marseille, même itinéraire en Espagne et en Portugal et même validité que pour le 34e itinéraire. 1re cl. 394 fr. 55, 2e cl. 295 fr. 45.

43 Au départ de Marseille, même itinéraire en Espagne et en Portugal et même validité que pour le 35e itinéraire. 1re cl. 488 fr. 65, 2e cl. 366 fr. 75.

Voyages circulaires 51 à 70 B, valables 90 jours, Paris et midi de la France, Algérie, Tunisie, Espagne et Italie.

Voyages circulaires 71 à 76, valables 45 jours, de Marseille et de Lyon à Paris, Belgique, Hollande, bords du Rhin et Suisse.

Voyages circulaires 81 à 83, valables, les deux premiers pendant 45 jours et le troisième pendant 60 jours, de Marseille à Lyon, à Dijon et en Suisse.

Voyages circulaires, au nombre de 64, nos 84, 85, 86, 87, 88 et 89, valables 60 jours, en France, en Suisse et en Italie. (Parcours au Nord et au Sud des Alpes.)

Pour le détail et les prix de ces divers voyages ainsi que pour la désignation des gares et bureaux de délivrance des billets, consulter les affiches et les brochures de la Compagnie Paris-Lyon-Méditerranée, que l'on peut demander dans toutes les gares du réseau.

Voyages circulaires de vacances sur le réseau P.-L.-M. ou sur les deux réseaux P.-L.-M. et Est avec itinéraires établis au gré des voyageurs. Billets délivrés du 1er juillet au 15 octobre. Brochures spéciales délivrées gratuitement.

CHEMINS DE FER DE L'ETAT
BILLETS DE BAINS DE MER ET BILLETS D'EXCURSIONS AU LITTORAL DE L'OCÉAN
BILLETS DE BAINS DE MER
Billets d'aller et retour valables pendant un mois.

Ces billets sont délivrés pendant la période du 1er juin au 31 octobre pour les destinations de St-Père-en-Retz (1), Pornic, La Bernerie, St-Gilles-Croix-de-Vie, Les Sables-d'Olonne, La Rochelle, Châtelaillon, Fouras, La Tremblade (2) et Royan, par toutes les gares, stations et haltes mises en communication avec ces dix stations balnéaires par les trains des chemins de fer de l'Etat. Ils comportent une réduction de 40 0/0 sur le double des prix des billets simples, et sont valables, quelle que soit la distance parcourue, pendant un mois, non compris le jour de la délivrance. Les billets de bains de mer donnent, tant à l'aller qu'au retour, le droit de s'arrêter à toutes les gares intermédiaires.

BILLETS D'EXCURSION AU LITTORAL DE L'OCÉAN
Billets d'aller et retour valables pendant quinze jours.

Ces billets sont délivrés pendant la période du 1er juin au 31 octobre pour les destination de Paimbœuf, Pornic, St-Gilles-Croix-de-Vie, Les Sables-d'Olonne, La Rochelle, Rochefort, La Tremblade, Royan et Blaye par toutes les gares, stations et haltes mises en communication avec ces neuf localités par les trains de chemins de fer de l'Etat, sous condition d'un parcours minimum de 100 kilomètres entre le point de départ et le point de destination (200 kilomètres, aller et retour compris). Ils comportent une réduction supplémentaire de 15 0/0 sur les prix des billets ordinaires d'aller et retour, et sont valables, quelle que soit la distance parcourue, pendant 15 jours (non compris le jour de la délivrance). Les billets d'excursion au littoral de l'Océan donnent, tant à l'aller qu'au retour, le droit de s'arrêter à toutes les gares intermédiaires.

CONDITIONS D'APPLICATION
Communes aux billets de bains de mer et d'excursion au littoral de l'Océan.

§ 1er. — Les billets de bains de mer et les billets d'excursion au littoral de l'Océan sont personnels et ne peuvent être transférés ; ils doivent, pour être valables, porter la signature des titulaires. Ces billets doivent être présentés à toute réquisition des agents de l'Administration, auxquels les voyageurs sont tenus de donner leur signature chaque fois qu'elle leur est demandée.

§ 2. — Les billets de bains de mer et les billets d'excursion au littoral de l'Océan donnent droit au transport gratuit de 30 kilogr. de bagages.

§ 3. — Chaque arrêt des voyageurs donne lieu à un nouvel enregistrement des bagages.

§ 4. — Les billets de bains de mer sont valables jusqu'à l'expiration de la journée qui porte, dans le mois qui suit celui de la délivrance, la même date que le jour de la délivrance. Pour les billets de bains de mer délivrés le 31 août ou le 31 octobre, la validité expire le 30 septembre ou le 30 novembre. Les billets du littoral sont valables jusqu'à l'expiration de la quinzième journée qui suit celle de la délivrance. Les voyageurs peuvent, au retour, prendre tout train quittant leur dernier point d'arrêt, le jour de l'expiration du délai de validité avant minuit, lors même que ce train ne pourrait les ramener à leur point de départ qu'après minuit. Si le délai de validité d'un billet expire un dimanche ou un jour férié, ce délai est prolongé de 24 h. Si le jour où expire le délai de validité est un dimanche suivi d'un jour férié ou un jour férié suivi d'un dimanche, le délai est augmenté de 48 h.

§ 5. — Les billets se composent de deux coupons : un pour l'aller, l'autre pour le retour. Le coupon d'aller est retiré lors de l'arrivée au point de destination, et le coupon de retour lors du retour au point de départ. Tout coupon d'aller isolé est considéré comme nul et retiré si le voyageur ne peut représenter en même temps le coupon de retour.

§ 6. — Les voyageurs qui s'arrêtent dans une gare intermédiaire sont tenus de déposer entre les mains du Chef de gare : — à l'aller, les deux coupons de leur billet, — au retour, le coupon de retour. Les coupons déposés sont, pourvu que le délai de validité ne soit pas expiré, rendus aux voyageurs, soit pour continuer leur voyage, soit pour revenir à leur point de départ.

§ 7. — Les voyageurs qui s'arrêtent à l'aller, en deçà du point de destination indiqué par leur billet, peuvent revenir directement à leur point de départ sans achever leur voyage ; dans ce cas, le coupon d'aller leur est retiré à la gare à partir de laquelle ils reviennent sur leurs pas.

(1) La station de St-Père-en-Retz dessert la plage de St-Brévin-l'Océan.
(2) La station de La Tremblade dessert la plage de Ronce-les-Bains.

CHEMIN DE FER DU NORD

Saison d'Été 1886

VOYAGES CIRCULAIRES A PRIX RÉDUITS

1° Pour visiter

LE NORD DE LA FRANCE ET LA BELGIQUE

BILLETS VALABLES POUR UN MOIS

1re classe, **91** fr. **15**. — 2e classe, **68** fr. **55**

Les bureaux d'émission sont : *Paris, Amiens, Rouen, Douai, Lille et Saint-Quentin.*

2° Pour visiter le Château de Pierrefonds,
Les Ruines du château de Coucy,

Les Bords de la Meuse et les Grottes de Han et de Rochefort.

Prix : 74 fr. 90 en 1re classe et 56 fr. 40 eu 2° classe.

Toutes les gares comprises sur l'itinéraire peuvent délivrer des billets directs.

3° Pour visiter la Hollande.

PRIX : 123 fr. 70 en 1re classe, 92 fr. 60 en 2e classe.

Les bureaux d'émission sont : *Paris, Amiens, Rouen, Douai et Saint-Quentin.*

4° Pour visiter les bords du Rhin.

PRIX : 146 fr. 50 en 1re classe ; fr. en 2e classe.

Les bureaux d'émission sont : *Paris, Amiens, Douai et Saint-Quentin.*

BILLETS VALABLES PENDANT 45 JOURS

5° Pour visiter la France, la Belgique, la Hollande,
les Bords du Rhin et la Suisse.

(Voir les voyages de P.-L.-M., Nos 71, 73, 74 et 76).

Pour les itinéraires de ces cinq voyages circulaires, consulter les affiches de la Compagnie et les prospectus détaillés qui sont délivrés gratuitement dans toutes les gares.

Les billets sont délivrés du 1er mai au 30 septembre inclus.

Chaque voyageur a droit au transport gratuit de 25 kil. de bagages sur tout le parcours.

Ces différents billets sont valables pour tous les trains, y compris les trains de marée.

Tout voyageur muni d'un de ces billets a le droit de s'arrêter dans toutes stations de la ligne du Nord comprises dans l'itinéraire du voyage, à condition, lorsque l'arrêt n'est pas indiqué par un coupon de billet, de déposer son livret entre les mains du chef de gare.

Les billets des 4 premiers voyages ne sont valables que pour un mois, jour pour jour. Ainsi, les billets délivrés le 1er juin ne sont plus valables le 1er juillet, et ceux délivrés le 27 juillet ne sont plus valables le 27 août.

Les voyageurs qui désireraient partir pour entreprendre le voyage circulaire d'un point autre que ceux où se délivrent les billets spéciaux, n'ont qu'à prendre un billet ordinaire pour le bureau d'émission le plus voisin.

CHEMIN DE FER DU NORD

SERVICES DIRECTS POUR L'ANGLETERRE

TRAINS RAPIDES

1º Par Calais et Douvres, à heures fixes. — 10 heures de trajet.

Une heure et demie de traversée

PARIS A LONDRES | LONDRES A PARIS

	1. 2 cl.	1. 2 cl.	1re cl.			1. 2 cl.	1. 2 cl.	1re cl.
Paris..........dép.	7.40 m.	11.» mat.	7.45 s.	Londres	Charing C. d.	8 » m.	10.35 mat.	8.05 s.
Calais, gare maritime	1.30 s.	3.45 soir	1.30 m.		Cannon. S.	8.05 m.	10.40 »	8.10 s.
Victoria arr.	5.30 s.	7.35 »	6.10 m.		Holborn V.	7.55 m.	10.30 »	7.55 s.
Londres { Ludgate H.	5.30 s.	7.35 »	6.10 m.		Ludgate H.	7.56 m.	10.31 »	7.56 s.
Holborn V.	5.33 s.	7.38 »	6.13 m.		Victoria.	8 » m.	10.35 »	8. » s.
Cannon S.	5.10 s.	7.30 »	6 » m.	Calais, gare marit.dép.	midi 11	2.55 soir	min .36
Charing Cross	5.15 s.	7.35 »	6.10 m.	Paris..........arr.	5.41 s.	7.40 »	5.50 m.

2º Par Boulogne et Folkestone.

8 h. de trajet. — 1 h. 40 de traversée.

Un départ par jour dans chaque sens à heures fixes :
Paris, départ 9 h. 40 matin. — Londres, arrivée 5 h. 40 soir.
Londres, départ 9 h. 40 matin. — Paris, arrivée 5 h. 57 soir.

PRIX DES BILLETS PAR TRAINS RAPIDES :

BILLETS SIMPLES VALABLES PENDANT 8 JOURS

Viâ Calais et Douvres ; 1re classe, 75 fr. ; 2me classe, 56 fr. 25 cent.
Viâ Boulogne et Folkestone ; 1re classe, 70 fr. ; 2me classe, 52 fr. 50 cent.
Billets d'aller et retour valables pour un mois, soit par Calais, soit par Boulogne
1re classe, 118 fr. 75. — 2me classe, 93 fr. 75.

Consulter les indicateurs pour les conditions relatives à la prolongation de durée de validité des coupons de retour.

SERVICE DE NUIT ACCÉLÉRÉ, à prix réduit et à heures fixes, entre PARIS et LONDRES
1º *Viâ* Calais et Douvres

PARIS A LONDRES | LONDRES A PARIS

	2e classe.	3e classe.		2e classe.	3e classe.
PARIS..........départ.	6 10 soir.	6 10 soir.	LONDRES........départ.	6 28 soir.	6 28 soir.
Boulogne........arrivée.	10 57 soir	10 57 soir.	Douvres..........départ.	10 05 soir.	10 05 soir.
Calais.......... { arrivée.	minuit 04	minuit 04	Calais.......... { arrivée.	11 45 soir.	11 45 soir.
départ.	1 30 mat.	1 30 mat.	départ.	minuit 36	5 » mat.
Douvres..........arrivée.	3 10 mat.	3 10 mat.	Boulogne........départ.	1 43 mat.	6 35 mat.
LONDRES........arrivée.	6 » mat.	8 34 mat.	PARIS..........arrivée.	5 50 mat.	11 15 mat.

2º SERVICE DE NUIT ACCÉLÉRÉ, à prix réduit et à heures variables, 2e et 3e classe
Par Boulogne et Folkestone, 3 heures de traversée.

CONSULTER LES AFFICHES SPÉCIALES ET INDICATEURS

PRIX DES BILLETS DU SERVICE A PRIX RÉDUITS :
Par Boulogne ou Calais

Billets simples valables pour 3 jours :		Billets d'aller et retour, valables pour 14 jours :	
2e classe et 2e chambre.............	39 fr. 35	2e classe et 2e chambre.............	58 fr. 75
3e classe et 2e chambre.............	26 fr. 25	3e classe et 2e chambre.............	39 fr. 35

COMPAGNIE DU CHEMIN DE FER

DU

GOTHARD

Le Chemin de fer du Gothard, la ligne de montagne la plus pittoresque et la plus intéressante de l'Europe, traverse la Suisse primitive chantée par les poètes et glorifiée par l'histoire. Sur le parcours on rencontre **Lucerne**, au bord du lac du même nom, le lac de Zoug, **le Rigi**, célèbre dans le monde entier par la vue incomparable dont on jouit de son sommet, **(Chemin de fer entre la station d'Arth de la ligne du Gothard et la cîme même)**, le lac de Lowerz, Schwyz, **le lac des Quatre-Cantons**, avec le Rütli et la Chapelle de Guillaume Tell, Brunnen, la route de l'Axen, Fluelen, Altdorf, **Gœschenen**, station de la tête nord du tunnel, où commence l'ancienne route du Saint-Gothard et d'où l'on atteint en une demi-heure le célèbre **pont du Diable et la galerie dite trou d'Uri, près d'Andermatt** (tous deux d'un accès facile), Bellinzona, Locarno, **le lac Majeur** (*îles Borromées*), Lugano sur le lac du même nom, Côme enfin et son lac. La ligne réunit ainsi des deux côtés des Alpes les bords des lacs les plus ravissants, émaillés de villas splendides.

Parmi les nombreux travaux d'art, œuvres gigantesques construites dans les flancs des Alpes et qui excitent l'étonnement du voyageur, il faut citer en première ligne le **grand tunnel du Gothard** le plus long tunnel existant (14,950 mètres), dont le percement a exigé neuf années de travail; viennent ensuite les **tunnels hélicoïdaux**, au nombre de 3 sur le côté nord et de 4 sur le côté sud, le pont du Kerstelenbach près d'Amsteg, etc., etc.

Deux trains express font journellement en neuf ou dix heures le trajet dans chaque direction de **Lucerne** à **Milan**, point central pour **tous** les voyageurs allant en Italie. **Wagons-lits** (*sleeping cars*) **voitures directes entre Paris et Milan, éclairage au gaz, freins continus.**

Prix de Milan à Lucerne : 1re classe 36 fr. 65
— — 2e — 25 fr. 65
— Paris à Milan : 1re classe 117 fr. 35
— — 2e — 87 fr. »

Le chemin de fer du Gothard est la voie de **communication la plus courte entre Paris et Milan** (via Belfort-Bâle). A Milan **correspondance directe de et pour Venise, Bologne, Florence, Gênes, Rome, Turin.** A Lucerne, coïncidence directe de et pour Paris, Calais, Londres, Ostende, Bruxelles, Cologne, Francfort, Strasbourg, ainsi que de et pour toutes les gares principales de la Suisse.

CARTE
DU
CHEMIN DE FER
DU
SAINT-GOTHARD

Ligne du Gothard
Lignes d'accès
} Routes des Alpes

H. Delachaux, del.

SÜDBAHN-GESELLSCHAFT

COMPAGNIE DES CHEMINS DE FER DU SUD

DE L'AUTRICHE

Les lignes de cette Compagnie traversent les contrées les plus intéressantes et les plus pittoresques de l'**Autriche-Hongrie**, le **Tyrol**, la **Carinthie**, la **Carniole**, la **Styrie**. Tout amateur de belle nature, de végétation sauvage et de paysages grandioses peut être sûr, quel que soit le but de son voyage, d'être amplement dédommagé de ses peines et fatigues. Les sites qui se dérouleront sous ses yeux charmeront ses loisirs, et s'il pénètre plus avant dans les montagnes, la richesse de la végétation et les curiosités de tout genre lui donneront maints sujets d'études intéressantes.

Les environs de la capitale, traversés par la ligne du Sud, offrent déjà, à eux seuls, un choix de points de vue qui présentent le plus vif intérêt.

Le Réseau du Sud aboutit d'un côté aux grands centres de **Vienne** et de **Pesth** et aux ports de **Trieste**, de **Pola** et de **Fiume**, va toucher, de l'autre, aux frontières allemande et italienne, à **Kufstein**, à **Ala** et à **Cormons**, et établit dans trois directions, de l'**Italie**, de l'**Allemagne** et de l'intérieur de l'**Autriche-Hongrie**, la communication avec la ligne de l'**Arlberg**.

Qui n'a aussi déjà entendu parler des merveilles réservées aux voyageurs qui traversent les sections du **Semmering** et du **Brenner**, ces ouvrages grandioses de la création humaine, ainsi que des beautés de la ligne du **Pusterthal** qui relie entre elles les régions orientales et occidentales des **Alpes!**

SÜDBAHN-GESELLSCHAFT (suite)

Innsbruck, Botzen, Méran, Trente, Bruneck, Lienz, Villach, Klagenfurt, Gratz, Adelsberg et ses **grottes merveilleuses,** les **lacs de la Carinthie,** sont autant de points dont il n'est pas permis de méconnaître le charme.

La Compagnie des Chemins de fer du Sud a fait construire, en divers endroits, des hôtels de premier ordre qui offrent aux voyageurs qui sont attirés par le spectacle de la belle nature, au milieu des splendeurs des grandes Alpes, tout le confort moderne des grandes villes.

A **Toblach,** point culminant de la ligne du **Puster-thal,** se trouve un excellent hôtel. — Excursions dans la vallée d'**Ampezzo,** célèbre par ses **Alpes dolomitiques.** — Cette contrée surpasse en beauté les points les plus fréquentés de la **Suisse.** L'affluence des voyageurs y est telle maintenant qu'on s'est vu obligé d'agrandir l'**Hôtel de Toblach,** qui ne suffisait plus au grand nombre des touristes.

L'hôtel élevé par la Compagnie du Sud au **Semmering** (100 kilom. de Vienne) a été ouvert le 15 juillet 1882. Il se trouve à 1000 mètres d'altitude au-dessus du milieu de l'Adriatique. — **Situation magnifique.** — Le panorama que l'on a de l'hôtel est ravissant. — **Environs splendides.** — La brise qu'on y respire est délicieuse, vivifiante et toute chargée des senteurs aromatiques des mélèzes et conifères qui couvrent les versants des montagnes.

L'hôtel renferme 60 chambres élégamment meublées, salon de conversation pour dames, salon de lecture et de jeu, bains chauds et froids. La **poste** et le **télégraphe** se trouvent à l'hôtel même.

Pour les voyageurs de goûts modestes, il a été construit deux chalets spéciaux, dits Chalets des Touristes, qui contiennent 89 chambres meublées très simplement.

Un grand nombre de trains desservent la station de Semmering, tant du côté du Nord que du côté du Sud. — Il existe un service d'omnibus et de voitures entre la station et l'hôtel.

La **Compagnie du Sud** vient aussi de créer un établissement climatérique au bord de la mer, à **Abbazia,** près

SÜDBAHN-GESELLSCHAFT (suite)

Fiume. 14 heures de chemin de fer de Vienne : train express avec wagons-lits.

Abbazia, avec son magnifique bois de lauriers et sa flore méridionale, est un des plus délicieux et plus charmants séjours au bord de la mer. Bain de soleil en hiver, on y trouve en été l'agrément des bains de mer.

L'hôtel Quarnero, qui renferme 58 chambres, ainsi que l'annexe et la villa y attenantes (22 chambres), sont situés au milieu d'une luxuriante végétation de lauriers, de châtaigniers et de chênes, et offrent aux visiteurs toutes les commodités désirables.

Un deuxième et grand hôtel (Hôtel de l'Archiduchesse Stéphanie, 120 chambres) a, tout récemment, été mis à la disposition du public.

Pension excellente. — Bains chauds (eau de mer et eau douce). — Salles et salons divers, tout le confort des hôtels de premier ordre. — Promenades délicieuses dans le parc et le long de la mer.

Service d'omnibus et de voitures entre l'établissement et la station de chemin de fer Massuglie-Abbazia.

La Compagnie de la **Südbahn** a organisé, de concert avec les autres compagnies de chemins de fer autrichiennes et étrangères, un grand nombre de voyages circulaires à prix réduits, qui permettent aux voyageurs de toute provenance de visiter, dans d'excellentes conditions de bon marché, l'Autriche, le Tyrol, la Bavière, l'Italie, la Suisse et les bords du Rhin.

Les voyageurs trouveront la nomenclature détaillée de ces voyages avec les prix, la durée du trajet et toutes les particularités qui s'y rattachent, dans les indicateurs officiels d'Autriche, d'Allemagne, de France, de Suisse et d'Italie.

NOUVELLE COMPAGNIE MARSEILLAISE
DE NAVIGATION A VAPEUR

FRAISSINET ET Cⁱᵉ
Place de la Bourse, 6, à Marseille.

CAPITAL : 10 MILLIONS DE FRANCS

Services réguliers pour le Languedoc, la Corse, l'Italie, l'Espagne, le Levant, le Danube, la mer Noire et l'Archipel.

LIGNES DESSERVIES PAR LA COMPAGNIE

LIGNE DE CORSE ET D'ITALIE. — Départs de Marseille : tous les Dimanches à 9 h. du matin, pour Bastia et Livourne. — Tous les Lundis, à 7 h. du soir, pour Nice, Ile-Rousse, Bastia et Livourne.

LIGNE D'ITALIE. — Départs de Marseille : Le Dimanche et le Jeudi, à 8 h. du matin, pour : Gênes, Livourne, Civita-Vecchia et Naples.—Le Jeudi à 8 h. du matin, pour Gênes et Naples.

LIGNE DE CANNES, NICE ET GÊNES. — Départs de Marseille : le Mercredi, à 7 h. du soir, pour Cannes, Nice et Gênes.

LIGNE DE CONSTANTINOPLE — Départs de Marseille : tous les Jeudis pour Gênes, Naples, Le Pirée, Volo, Salonique, Dédéagh, Dardanelles, Gallipoli, Rodosto et Constantinople. (En transbordement à Constantinople, pour Odessa, Jneboli, Sinope, Samsoum, Kerassunde, Trébizonde et Poti.)

LIGNE DU DANUBE (directe et sans transbordement). — Départs de Marseille: toutes les semaines, le dimanche à 9 h. du matin, pour : Gênes, Syra, Smyrne, Mételin, Dardanelles, Constantinople, Soulina, Toultcha, Galatz et Braïla.

NOTA. — Cette ligne n'est desservie que jusqu'à Constantinople pendant la fermeture du Danube par les glaces.

LIGNE DE BARCELONE. — Départs de Marseille : tous les Dimanches matin, à 10 h., pour Barcelone.

LIGNE DU LANGUEDOC. — Départs de Marseille : les Lundis, Mercredis et Vendredis, à 7 h. du soir, pour Agde. — Départs de Marseille : les Mardis, Jeudis et Samedis, à 8 h. du soir, pour Cette.

FLOTTE DE LA COMPAGNIE

Tibet	700 chev.	3500 tonn.	Euxène	250 chev.	1200 tonn.
Liban	500 —	3000 —	Junon	250 —	1200 —
Europe	500 —	3000 —	Asie	250 —	1200 —
Stamboul	500 —	3000 —	Algérie	200 —	900 —
Amérique	500 —	3000 —	Saint-Marc	120 —	700 —
Galatz	400 —	2500 —	Durance	120 —	400 —
Braïla	400 —	2500 —	Echo	100 —	250 —
Taygète	400 —	2500 —	Aude	100 —	220 —
Taurus	400 —	2500 —	Marie-Louise	120 —	700 —
Balkan	400 —	2500 —	Isère	120 —	400 —
Pélion	400 —	2500 —	Blidah	120 —	400 —
Gyptis	250 —	1200 —	Médéah	120 —	350 —

Pour tous renseignements, s'adresser : à MM. **Fraissinet et Cⁱᵉ**, 6, place de la Bourse, à Marseille. — A M. **Ach. Neton**, 9, rue de Rougemont, à Paris.

ROYAL
MAIL STEAM PACKET COMPANY
COMPAGNIE ROYALE DES PAQUEBOTS-POSTE ANGLAIS

Indes Occidentales et Océan pacifique
Via PANAMA

**Colon ou Aspinwall, Savanilla, Mexique
Amérique centrale et Océan Pacifique du Sud, San Francisco
Japon, Chine et Colombie Anglaise**

Les bateaux à vapeur Atlantiques font maintenant le trajet direct de Southampton à Colon (Aspinwall).

Le départ des bateaux de la compagnie de Southampton, avec les malles de Sa Majesté Britannique, a lieu deux fois par mois chaque jeudi alternatif, tant pour le transport des passagers et des paquets que pour celui des espèces et des marchandises, sur connaissement, à destination directe. Un bateau supplémentaire part chaque *quatrième samedi* pour les Antilles, Carupano, La Guayra, Porto-Cabello, Curaçao, Savanilla, Carthagena, Colon, Limon et Greytown.

Pour plus amples informations, s'adresser au Secrétaire, M. J. M. LLOYD.

Royal Mail Steam Packet Company,
18, Moorgate Street, Londres, E. C.

AGENTS. — PARIS, Geo. Dunlop et Ce, 38, avenue de l'Opéra.
HAVRE, Marcel et Ce.
HAMBOURG, H. Binder.
ANVERS, F. Huger.
BRÊME, I. L. Michaelis.

SERVICE DES PAQUEBOTS-POSTE
Pour le Brésil et le Rio de la Plata

Les paquebots royaux partent aussi de Southampton plusieurs fois chaque mois, aux dates régulières, chargés des malles de Sa Majesté Britannique, de Passagers, de Marchandises, d'Espèces, etc., pour Vigo, Lisbonne, Saint-Vincent, Cap Vert, Pernambuco, Maceio, Bahia, Rio de Janeiro, Santos, Montevideo et Buenos-Ayres.

Pour plus amples informations, s'adresser comme ci-dessus.

Appendice 1886-1887

II

PARIS

HOTELS — RESTAURANTS

CAFÉS

INDUSTRIES DIVERSES

Type **B**. 2

Hors concours, Membre du Jury
EXPOSITION UNIVERSELLE
1878

1855

1867

MAISON
DE LA

BELLE JARDINIÈRE

2, rue du Pont-Neuf, 2,
PARIS

HABILLEMENTS tout FAITS et sur MESURE
Pour HOMMES, JEUNES GENS et ENFANTS

CHAPELLERIE — CHAUSSURES — BONNETERIE — CHEMISERIE
VÊTEMENTS DE TRAVAIL

|EXPÉDITION EN |PROVINCE

FRANCO|contre remboursement au-dessus de 25 FR.
Succursales : LYON, MARSEILLE, NANTES, ANGERS
A Paris, au coin des rues de Clichy et d'Amsterdam.

RAYON SPÉCIAL POUR VÊTEMENTS ECCLÉSIASTIQUES.

OUVRAGES DE A. PRÉTERRE

CHIRURGIEN-DENTISTE AMÉRICAIN

Lauréat de la Faculté de Médecine de Paris, médaille d'or unique aux Expositions universelles de 1867 et 1878, fournisseur des Hôpitaux civils et militaires, Rédacteur en chef de l'Art Dentaire.

Les Dents, traité pratique des maladies de ces organes, 14ᵉ édition, considérablement augmentée et enrichie de nombreuses grav. — 1 vol. in-18, broché 1 fr. 25, relié 2 fr. 25.

(On retrouve dans cet ouvrage les qualités techniques qui, depuis 20 ans, ont valu à M. Préterre les plus hautes récompenses : *Traitement spécial des maladies de la bouche, Obturateurs, Redressements dentaires, Dentiers de tous systèmes connus, etc.*)

De l'Emploi du protoxyde d'azote pour extraire les dents et pratiquer les opérations dentaires sans douleur. In-8, 8ᵉ édition, 1 fr. 25.

Recherches sur les propriétés physiques et physiologiques du Protoxyde d'azote liquéfié In-8, 1 fr.

Conseils aux personnes qui ont perdu des dents. In-18, 1 fr.

Des Élixirs et Poudres dentifrices. Leurs inconvénients. Notice sur la poudre et l'élixir Préterre. In-32, 1 fr.

De la première et de la seconde dentition. Conseils aux mères de famille. In-32, 1 fr.

Traité des divisions congénitales ou acquises de la voûte du palais et de son voile. 1 vol. in-8 illustré de 97 gravures, 15 fr.

Musée des restaurations buccales. Un album in-folio illustré de magnifiques planches gravées sur acier d'après nature, 50 fr.

L'Art dentaire. 26 volumes in-8, 10 fr. le volume. (Cette collection comprend les observations détaillées des malades confiés à M. Préterre par MM. les médecins et chirurgiens des hôpitaux de France et de l'étranger, et la description illustrée des appareils construits pour les diverses lésions de la bouche.)

Ces ouvrages se trouvent au bureau de *l'Art dentaire*, 29, boulevard des Italiens. Ils sont expédiés franco en échange d'un mandat ou de timbres-poste français.)

Consultations et opérations tous les jours de 1 h. 1/2 à 3 h. 1/2

CONSULTATIONS PAR CORRESPONDANCE

PARIS, 29, BOULEVARD DES ITALIENS

Succursales à Nice, Cannes, Menton, Dieppe, Trouville et Saint-Malo.

NOUVELLE CARTE DE FRANCE

AU 1/100,000ᵐᵉ

DRESSÉE PAR LE SERVICE VICINAL

Par ordre du Ministre de l'Intérieur.

Cette carte formera environ 600 feuilles de 28 centimètres sur 38.

L'échelle adoptée se prête à une évaluation prompte des distances.

L'emploi de quatre couleurs, le rouge pour les voies de communication et la population, le bleu pour les cours d'eau, le vert pour les bois et les forêts, le noir pour les autres indications, permet de faire ressortir avec une grande netteté les nombreux renseignements que l'on est en droit de demander à une carte à grande échelle.

Les feuilles, de petit format, correspondant à une partie de la surface terrestre de 38 kilomètres de long sur 28 de large en moyenne, sont d'un maniement facile ; elles sont orientées, étant déterminées par le croisement des parallèles et des méridiens.

La réunion de 14 ou de 16 de ces feuilles constitue de belles cartes de région comprenant un département et des abords considérables.

Il est essentiel, pour qu'un pareil document ne perde pas de sa valeur au bout d'un certain temps, qu'il représente toujours fidèlement et complètement l'état actuel des voies de communication, en lacunes ou construites. L'organisation du personnel du service vicinal, composé de 5,000 agents répartis sur tout le territoire de la France, permet d'assurer la *mise à jour constante* de la carte au 1/100,000ᵐᵉ.

Un tableau d'assemblage, tenu à la disposition de ceux qui en feront la demande, indique l'état actuel d'avancement de la carte.

300 planches environ sont actuellement en vente ; d'autres feuilles paraîtront à bref délai et la publication suivra un cours régulier.

Chaque feuille se vend isolément 75 cent.

On peut se procurer, au prix de 5 fr., un Carton spécialement établi pour renfermer les feuilles de la Carte.

PARFUMERIE DU MONDE ÉLÉGANT
DELETTREZ
54, 56, Rue Richer, 54, 56
CRÉATION **PARIS** NOUVELLE
SANS ✳ RIVALE

OSMHEDIA

ὀσμηδεια
SUAVITÉ
concentration

CRÈME OSMHEDIA
SAVON, EXTRAIT
EAU de TOILETTE
POUDRE DE RIZ
COSMÉTIQUE, BRILLANTINE
HUILE, POMMADE, VINAIGRE

La Parfumerie OSMHEDIA assure à
SES FIDÈLES CLIENTS
Éternelle Jeunesse et Teint sans égal.

HOTEL CONTINENTAL
Paris, 3, rue Castiglione, en façade sur le Jardin des Tuileries, Paris.

HOTEL CONTINENTAL. — 600 chambres et salons de 5 à 35 fr.

LE CAFÉ RICHE

RESTAURANT BIGNON PÈRE & FILS

CHEVRIER et VERDIER

SUCCESSEURS

Boulevard des Italiens et rue Le Peletier

Sur la partie de ce Boulevard, fréquentée par le monde comme il faut de tous les pays.

MAISON DE PREMIER ORDRE

L'UNE DES PLUS ANCIENNES DE PARIS

RENDEZ-VOUS DES GENS DE DISTINCTION

Outre les salons du rez-de-chaussée, un grand nombre de salons du meilleur goût permettent d'y déjeuner et dîner en famille ou en sociétés séparées.

Les Cuisines ont une réputation européenne.

Les caves renferment les meilleurs vins de tous les grands crûs de France; elles sont connues des gourmets du monde entier.

Pour les personnes qui ne veulent pas se donner la peine du détail de leur menu, on sert des dîners depuis le prix de 8 francs, les vins non compris.

Outre les salons du restaurant, ce magnifique Établissement possède des salles de café et des fumoirs spacieux largement aérés; on y trouve les journaux importants de tous les pays.

Le Café Riche, propriétaire de Vignobles importants dans les contrées à vins fins de Bordeaux et dont les caves considérables s'approvisionnent directement chez les principaux propriétaires des grands vignobles de France, tient à la disposition des personnes qui fréquentent l'établissement, des vins de choix, soit en bouteilles, soit en pièces, aux prix raisonnés tels qu'ils sont cotés aux lieux de production.

Paniers de Vins fins pour Voyage ou pour Campagne, 6 ou 12 bout. assorties.

Le café Riche.

Hôtels (Suite)

ÉTABLISSEMENTS

D'INSTRUCTION PUBLIQUE

Établissements d'Instruction publique (suite)

SAINTE-BARBE
Place du Panthéon

1º **École préparatoire** à toutes les Écoles de l'État ;
2º **Maison classique** depuis la classe de cinquième jusques et y compris les deux baccalauréats ; 3º **École spéciale** au commerce et à l'industrie ; 4º **Petit collège à Fontenay-aux-Roses.**

RESTAURANTS

CAFÉ SYLVAIN RESTAURANT
12, RUE HALÉVY
Côté droit de l'Opéra

MAISON DE PREMIER ORDRE, ENTIÈREMENT TRANSFORMÉE
CAVE ET CUISINE EXCEPTIONNELLES

Pouvant offrir à sa clientèle, avec sa magnifique terrasse sur la place de l'Opéra, l'agrément de déjeuner et dîner en plein air. — **Ses soupers, la nuit, en font une des curiosités de Paris.**

RESTAURANT DU DINER DE PARIS
11, passage Jouffroy,
12, boulevard Montmartre.

Déjeuner, 3 francs, de 10 heures à 1 h. 1/2.
Diner, 5 francs, de 5 heures à 8 h. 1/2.
English spoken. — Man spricht deutsch.

FIN DES ANNONCES DE PARIS

DIJON

GRAND HOTEL DE LA CLOCHE

OUVERT EN 1884

Place DARCY, DIJON, rue Devosge
Edmond GOISSET, Propriétaire.

DIJON

Exiger le cachet GREY-POUPON

DIJON MOUTARDE GREY-POUPON 14 Médailles d'honneur

FABRIQUE DE MOUTARDE Mson GREY — MAISON FONDÉE EN 1777 — MARQUE de FABRIQUE — A. POUPON, Succr. DIJON

DIJON MOUTARDE GREY-POUPON 14 Médailles d'honneur

SE MÉFIER DES SIMILITUDES DE NOMS

STATION HIVERNALE DE **GRASSE** (Alpes-Maritimes)

GRAND HOTEL DE GRASSE

Les familles étrangères trouvent aujourd'hui à Grasse, sur la ravissante
avenue Thiers, **un splendide hôtel pour familles,**
EXPOSÉ EN PLEIN MIDI
Avec *vue splendide* et jardin immense.

HYÈRES-LES-PALMIERS

(VAR)

STATION D'HIVER

Hyères est la plus ancienne station hivernale de la Méditerranée. Si le caprice ou la mode lui ont créé des rivales heureuses, cette ville n'en reste pas moins la première entre toutes pour les malades.

Située à quatre kilomètres du bord de la mer, et orientée au S.-S.-E., elle s'inonde des tièdes rayons du soleil pendant l'hiver, tandis que la verte chaîne des collines des Maures la protège contre le N.-O.

L'air d'Hyères est très pur et enrichi des aromes balsamiques des montagnes qui l'abritent. Son faible éloignement de la mer lui en laisse la vue, et spécialement celle de la rade vaste et animée, dite d'Hyères, et des riantes îles du même nom, qui la closent presque de toutes parts. Cet éloignement procure à Hyères un air plus doux, moins variable, et moins excitant que celui des autres stations du littoral.

Le chemin de fer de Toulon à Hyères qui va être continué sur le littoral, et qui correspond avec tous les trains express et directs de la grande ligne de Marseille en Italie, a une station en cette ville, qui se trouve ainsi à deux heures de Marseille.

Hyères, qui vient de contracter un emprunt de quinze cent mille francs pour créer des embellissements en faveur de ses hôtes d'hiver, possède des hôtels de premier ordre, souvent habités par des souverains, de nombreuses villas, un grand nombre de maisons garnies et de vastes boulevards éclairés à la lumière électrique.

Hyères possède également une salle de spectacle desservie par la troupe du grand Théâtre de Toulon et une musique municipale qui donne de nombreux concerts. Plusieurs jardins publics, dont un est la succursale du Jardin d'acclimatation du bois de Boulogne et a une superficie de 6 hectares, sont ouverts aux étrangers. Un splendide **Casino** sera inauguré prochainement dans le magnifique *Jardin Farnoux*.

Ses environs offrent les promenades les plus variées, et la plus belle végétation indigène et exotique. Ses orangers et ses dattiers n'ont pas de rivaux sur le littoral.

HYÈRES-LES-PALMIERS (VAR)

La Place des Palmiers, à Hyères.

LIMOGES

Gᴰ HOTEL DE LA PAIX

J. MOT.—Place Jourdan, **en face du Palais de la Division militaire.** — Établissement de premier ordre, construit récemment, meublé avec élégance et confortable.—*Situé sur la belle place de la ville et le plus près de la gare.* — Omnibus à la gare.
RECOMMANDÉ AUX FAMILLES ET AUX NÉGOCIANTS.

LYON

Gᴰ HOTEL COLLET & CONTINENTAL

LE MEILLEUR ET LE MIEUX SITUÉ DE LA VILLE

Près la **place Bellecour**, **le bureau de Poste** et le **Télégraphe.**

Ascenseur Edoux à tous les étages. — Chambres et salons depuis 3 fr. jusqu'à 20 fr. — TABLE D'HÔTE. — Restaurant à la carte à toute heure et service particulier. — Pension depuis 10 fr. par jour, tout compris. — Cour splendide. — Salons de conversation. — Fumoir. — Bains. — Téléphone. — Interprètes.—*Omnibus de l'hôtel à l'arrivée des trains.*—Voitures à volonté.

GRAND HOTEL DU GLOBE
LOMBARD

RUE GASPARIN, PRÈS DE LA PLACE BELLECOUR

Installation moderne, offrant aux familles de confortables appartements au rez-de-chaussée et à tous les étages. — 119 chambres pour voyageurs à différents prix. — Cabinet de lecture et fumoir. — Salon de conversation avec piano. — Table d'hôte et service particulier. — Interprètes. — Omnibus à la gare.
PRIX MODÉRÉS

Gᴰ HOTEL D'ANGLETERRE
PLACE PERRACHE

Établissement de premier ordre, le plus près de la gare de Perrache. — Interprètes. — Appartements pour familles. — Billets de chemin de fer à l'hôtel. — Coupons de l'Agence Gaze.

Gᴰ CAFÉ-RESTAURANT JEAN MADERNI

Maison recommandée. — Service tout spécial pour noces, banquets, au dehors, avec fourniture complète de matériel. — Salons de restaurant au 1ᵉʳ. — Expéditions de comestibles et terrines d'écrevisses Nantua.
Lyon, place de la Bourse, 2.

NICE
HUILE D'OLIVE

Vente directe aux Consommateurs par le Producteur

FÉLIX AUDEMARD

PROPRIÉTAIRE

A NICE

Les plus hautes récompenses aux Expositions

Aucune huile d'olive ne peut être comparée à l'huile d'olive vierge de Nice quand celle-ci est absolument pure. C'est la plus douce, la plus délicate, la reine des huiles de table.

La nature des olives, la composition du sol, la douceur du climat, les procédés de fabrication, tout concourt à faire de cette huile un produit unique en son genre.

La Maison FÉLIX AUDEMARD s'efforce, depuis quinze années, de maintenir cette vieille réputation des **Huiles d'olive de Nice,** *en livrant sous le nom de :*

HUILE D'OLIVE EXTRA-SURFINE VIERGE

une huile excellente et pouvant satisfaire à toutes les exigences des gourmets.

Logée en un	Colis de	50	litres	2 fr. 20	le litre.
»	» »	25	»	2 fr. 40	»
»	deux »	15	»	2 fr. 40	»
»	un »	20	»	2 fr. 50	»

FRANCO DE PORT ET D'EMBALLAGE

En gare de Paris

Payement à 40 jours de date de facture

Emballage : Estagnons en fer-blanc emballés dans des Caisses

Sur demande affranchie, la Maison envoie ses Tarifs portant prix franco en toute Gare de France et de la plupart des pays d'Europe.

Type **B** — 3⁺

PLOMBIÈRES

(VOSGES)

STATION THERMALE

OUVERTE DU 15 MAI AU 1er OCTOBRE

Traitement des maladies du tube digestif (*Dyspepsie, Gastralgie, Entéralgie, Troubles intestinaux, Diarrhée chronique,* etc.), de la **Goutte,** et des **affections rhumatismales** (*Rhumatisme musculaire, articulaire, sciatique, névralgique* et *viscéral*) et des **Voies urinaires.**

Traitement des Maladies des femmes (*Nervosisme, Métrite, Névralgies utérines, troubles de la menstruation stérilité*).

Douches chaudes, froides, écossaises, massage sous la douche, hydrothérapie.

ÉTUVES ROMAINES, sans rivales (source du Robinet 73° c.) avec lits de repos, salle de massage, etc.

Action puissante contre la goutte, le rhumatisme et les névralgies

CASINOTHÉATRE, trois représentations par semaine.— Salle des fêtes, Salons de jeu, de conversation pour les dames ; billards, etc. — Parc, pêche, tir au pistolet à la carabine, promenades en voitures, à ânes. — Concerts le soir sur la promenade.

Grands hôtels. — Pensions et Maisons particulières.

Expédition des Eaux pour Boisson, des Bains concentrés pour usage à domicile et des Pastilles digestives de Plombières.

EAU EN BOISSON. — BAINS CONCENTRÉS

Les eaux de Plombières sont transportées sans altération. elles se conservent indéfiniment. — Les bains concentrés sont obtenus par l'évaporation de l'eau minérale, et ont toutes les propriétés médicales du bain de Plombières.

Adresser les demandes directement à la Compagnie de Plombières ou au Dépôt principal **Maison ADAM.** 31, *Boulevard des Italiens, Paris.*

On se rend directement de Paris à Plombières par la ligne de Belfort (*Est*) en huit heures, sans transbordement. — La Compagnie de l'Est met à la disposition des voyageurs des coupé-lits, wagons-salons à des prix modérés.

IV. — PAYS ÉTRANGERS

GRANDE-BRETAGNE — BELGIQUE — SUISSE — ITALIE

Autriche-Hongrie — Espagne — Algérie

GRANDE-BRETAGNE

ÉCOSSE
SUMMER TOURS IN SCOTLAND

GLASGOW AND THE HIGHLANDS
(Royal Route, *viâ* Crinan and Caledonian Canals)

THE ROYAL   MAIL STEAMERS

Columba, Iona, Grenadier, Chevalier, Gondolier, Mountaineer, Pioneer, Glengarry, Linnet, Staffa, Glencoe, Inveraray Castle, Islay, Claymore, Clydesdale, Clansman, Cavalier, Fingal, Lochiel, Lochawe, Lochness, Ethel.
Sail during the Season for Islay, Oban, Fort William, Inverness, **Staffa, Iona,** Lochawe, Glencoe, Tobermory, Portree, Strome-Ferry, Gairloch, Ullapool, Lochinver, Lochmaddy, Tarbert, Harris, and Stornoway; affording Tourists an opportunity of visiting the magnificent scenery of Glencoe, the Cuchillin Hills, Loch Coruisk, Loch Maree, and the famed Island of Staffa and Iona.
Official Guide Book 3d, Illustraded 6d et 1sh. Time Bills with Maps tree by post on application to the owner.
DAVID MACBRAYNE, 119, Hope Street, Glasgow; Scotland.

BELGIQUE

BRUXELLES

GRAND-HOTEL
21, boulevard Anspach, 21

Maison de 1er ordre, l'une des plus vastes, des mieux aménagées de l'Europe. — **Splendides Restaurant et Café.** — **200 chambres.** — **Ascenseur** pour tous les étages. — **Bains** dans l'hôtel. — **Omnibus de l'hôtel aux gares.**

SPA

GRAND HOTEL DE L'EUROPE
M. HENRARD-RICHARD, Propriétaire

Maison de tout 1er ordre, dans une situation spéciale, **au centre de tous les Établissements.** — Salons de table d'hôte et de conversation. — Fumoir, etc.; en un mot, **le plus grand confort y règne.** — Omnibus de l'hôtel à la gare.

GRAND HOTEL DE BELLEVUE

Magnifiquement situé près de l'**Établissement des Bains**, avec accès direct au Parc. — Des jardins de l'hôtel, on entend le Concert qui se donne dans le Parc. — *Omnibus à tous les trains.*

BRUXELLES

(HAUTE VILLE ET PARC)

HOTEL DE BELLEVUE

HOTEL DE FLANDRE

En face du Parc, entre la place des Palais,

la rue Royale et la place Royale.

PROPRIÉTAIRE :

ÉDOUARD DREMEL.

SUISSE ET MONT-BLANC

GENÈVE

Tout le monde connaît **GENÈVE** de nom, tout le monde devrait le connaître de fait. — Genève offre au touriste l'attrait de son lac merveilleux, de ses environs enchanteurs, et présente tous les avantages d'une grande ville, sans les inconvénients inhérents aux capitales populeuses : Le théâtre, les concerts, la navigation de plaisance, les fêtes de toute nature, constituent de précieux éléments de distraction. Confort parfait dans les nombreux hôtels ou pensions, à des prix très abordables.

Les étrangers qui feront à Genève un séjour prolongé trouveront les plus grandes facilités et les ressources les plus complètes pour leurs études personnelles et l'éducation de leurs enfants.

L'industrie et le commerce genevois mettront à leur disposition, à bon marché, les produits les meilleurs et les plus variés en tous genres, notamment en **horlogerie, bijouterie,** branches d'industrie dont Genève est la florissante métropole, **boîtes à musique, bois sculptés, instruments de physique,** etc., etc.

L'exercice de tous les cultes a lieu à Genève en pleine liberté. Le climat y est parfaitement sain, l'air très pur. Bains du Lac, du Rhône et de l'Arve : Traitement par l'eau d'Arve, des affections nerveuses et rhumatismales, de l'anémie, de l'épilepsie. Grands succès. **Etablissements hydrothérapiques** de premier ordre.

Genève est le centre naturel des excursions sur les deux rives du lac ; elle est le point de départ des bateaux à vapeur pour Evian et des diligences pour Chamonix. Dans les environs immédiats, courses intéressantes, au Petit et au Grand Salève, aux châteaux de Coppet et de Fernex, etc. — Dans la ville, ne pas manquer de visiter la cathédrale, le monument **du duc de** Brunswick, les musées, etc.

Le touriste, le savant, le littérateur, l'artiste, le négociant, l'industriel, ne doivent pas passer à Genève sans s'y arrêter

Il existe dans cette ville, depuis 1885, une association nombreuse, qui s'est imposé la tâche patriotique de rendre le séjour de Genève facile et agréable à ses hôtes de quelques jours ou de quelques mois. Cette société a pour titré : « **Association des intérêts du commerce et de l'industrie à Genève** »; ses services sont entièrement gratuits et désintéressés.

LIBRAIRIE HACHETTE ET Cie

BOULEVARD SAINT-GERMAIN, 79, A PARIS.

Ouvrage complet en 9 livraisons

IL A PARU

UNE LIVRAISON PAR MOIS

DEPUIS LE MOIS D'OCTOBRE 1882

NEUF LIVRAISONS A 3 FRANCS

NOUVELLE PUBLICATION

ATLAS MANUEL

DE GÉOGRAPHIE MODERNE

Contenant cinquante - quatre cartes

IMPRIMÉES EN COULEUR

L'OUVRAGE COMPLET
A ÉTÉ MIS EN VENTE EN JUIN 1883
Et coûte 32 francs.

Nous avons mis en vente, le 16 octobre 1882, la première livraison de l'**Atlas manuel** annoncé ci-dessus. Chaque livraison, du prix de 3 francs, contient six cartes, dont deux doubles.

Cet atlas est une édition française d'un ouvrage qui a obtenu en Allemagne un immense succès. Le fond de l'ouvrage a été conservé, sauf remplacement de quelques cartes détaillées d'Allemagne, par des cartes détaillées de France, etc...; les noms ont été traduits par une réunion de géographes, de professeurs et de spécialistes, et cette traduction a été faite, non sur le texte allemand, mais pour chaque pays, autant que possible, sur des cartes écrites dans la langue même du pays. De la sorte, nous présentons au public, non point un Atlas allemand simplement transcrit, mais une véritable édition française.

L'édition originale, publiée dans un pays où les bons Atlas sont communs y a obtenu un succès extraordinaire; nous ne doutons pas que notre nouvel ouvrage n'obtienne, en France, un succès analogue.

NOUVEAU DICTIONNAIRE

DE

GÉOGRAPHIE UNIVERSELLE

CONTENANT

1° LA GÉOGRAPHIE PHYSIQUE

Description des grandes régions naturelles, des bassins maritimes et continentaux, des plateaux, des chaînes de montagnes, des fleuves, des lacs, de tous les accidents terrestres ;

2° LA GÉOGRAPHIE POLITIQUE

Description circonstanciée de tous les Etats et de toutes les contrées du globe ; tableau de leurs provinces et de leurs subdivisions ; description des villes, et en particulier de toutes les villes de l'Europe ; vaste nomenclature de tous les bourgs, villages et localités notables du monde ; population d'après les dernières données officielles ; forces militaires ; finances, etc., etc.;

3° LA GÉOGRAPHIE ÉCONOMIQUE

Indication des productions naturelles de chaque pays, de l'industrie agricole et manufacturière, du mouvement commercial, de la navigation, etc.;

4° L'ETHNOLOGIE

Description physique des races ; nomenclature descriptive des tribus incultes; étude sur les migrations des peuples, la distribution des races et la formation des nations ;

5° LA GÉOGRAPHIE HISTORIQUE

Histoire territoriale des Etats et de leurs provinces; description archéologique des villes et de toutes les localités notables;

6° LA BIBLIOGRAPHIE

Indication des sources générales et particulières, historiques et descriptives;

PAR

M. VIVIEN DE SAINT-MARTIN

Président honoraire de la Société de géographie de Paris,
Membre correspondant de l'Académie royale des sciences de Berlin,
Membre honoraire de l'Académie royale de Madrid, des Sociétés géographiques de Saint-Pétersbourg,
de Berlin, de Vienne, d'Amsterdam, de Rio de Janeiro, de New-York, etc,

CONDITIONS ET MODE DE LA PUBLICATION

Le *Nouveau Dictionnaire de géographie universelle* formera quatre volumes in-4, même format que le *Dictionnaire de la langue française de E. Littré,* imprimés sur 3 colonnes. Chaque volume contiendra environ 100 feuilles, soit 800 pages.

La publication a lieu par fascicules de 10 feuilles (80 pages). — Chaque fascicule se vend 2 fr. 50. Exceptionnellement, le 24e fascicule ne coûte que 2 fr. Les trente et un premiers fascicules sont en vente (Avril 1886).

Tomes Ier (A-C) broché, 27 fr. 50: relié en demi-chagrin, 32 fr. 50.

Tome II (D-J) broché, 32 fr.; relié en demi-chagrin, 37 fr.

AURILLAC

USINE A VAPEUR

Maison Aug. GAFFARD, à Aurillac

APERÇU DE QUELQUES PRODUITS SPÉCIAUX

Ayant obtenu les plus hautes récompenses dans toutes les Expositions où ils ont figuré.

Gland doux et Néomoka, pseudo-cafés hygiéniques remplaçant avantageusement le Café des Iles. — **Mélanogène**, poudre pour encres noires, violette, rouge et bleue. — **Muricide phosphoré** pour la destruction des rats. — **Extraits saccharins** pour l'obtention rapide des liqueurs de table. — **Lustro-cuivre.** — **Oxyde** d'aluminium pour affiler les rasoirs.— **Poudre vulneraire vétérinaire.** — **Produits spéciaux divers.**

Usine à vapeur et Maison d'expédition, enclos Gaffard, à Aurillac (Cantal)

ENVOI DE NOTICES DÉTAILLÉES SUR DEMANDE AFFRANCHIE

Conditions spéciales pour d'importantes commandes.

GRAND PRIX, PARIS 1878

Diplôme d'honneur, Anvers 1885

CHOCOLAT
MENIER

Éviter les similitudes de nom.

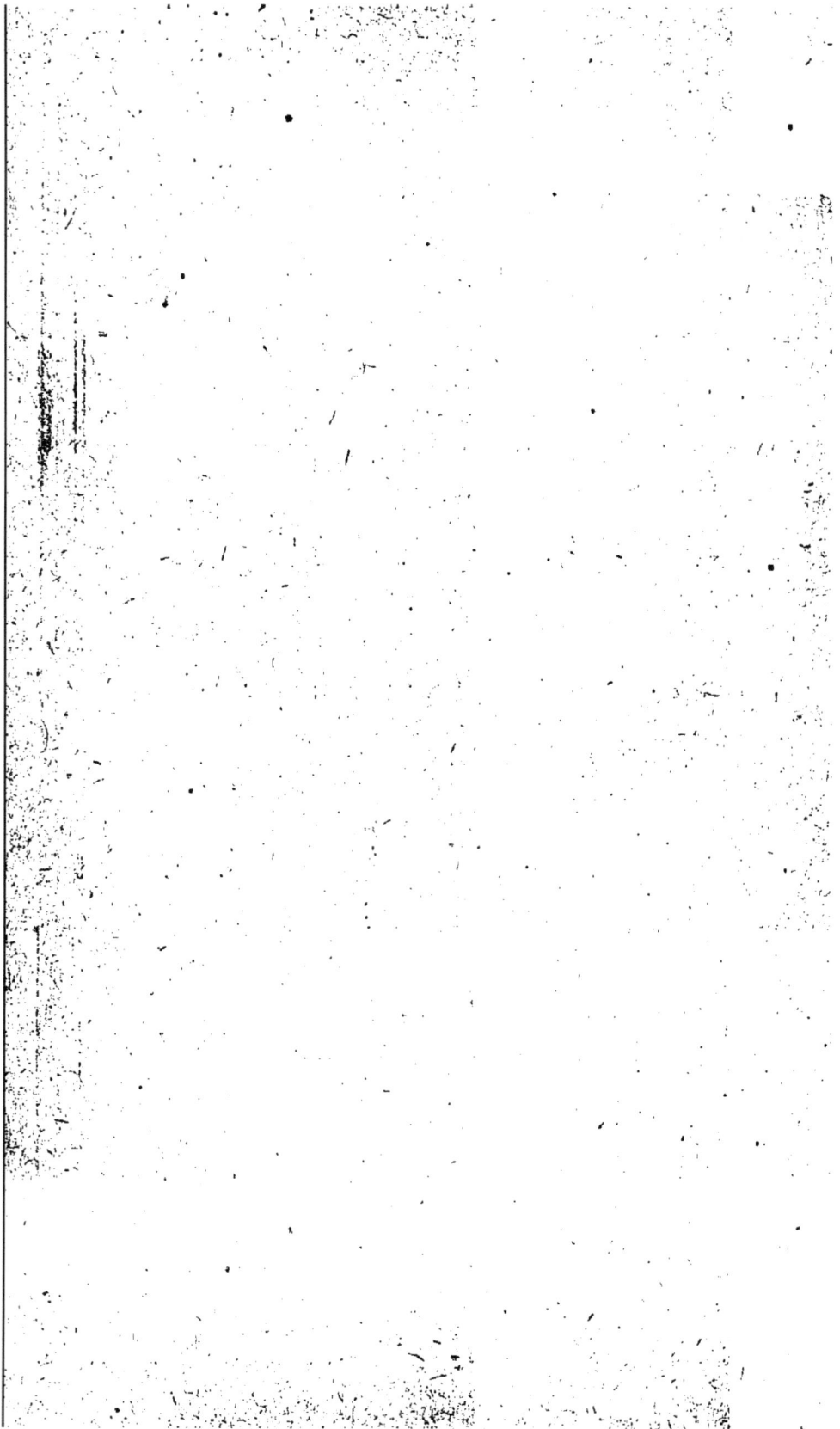

ITINÉRAIRE GÉNÉRAL DE LA FRANCE

PAR AD. ET P. JOANNE

Volumes in-16 cartonnés en percaline, avec cartes et plans

PARIS ILLUSTRÉ. 1 vol.	15 fr.
ENVIRONS DE PARIS. 1 vol.	7 fr. 50
JURA ET ALPES FRANÇAISES. 1 vol.	15 fr.

On vend séparément :

Bourgogne et Jura	7 fr. 50
Savoie	7 fr. 50
Dauphiné et Hautes-Alpes	7 fr. 50
PROVENCE. 1 vol.	7 fr. 50
CORSE. 1 vol.	5 fr.
AUVERGNE ET CENTRE. 1 vol.	7 fr. 50
LA LOIRE. 1 vol.	7 fr. 50
DE LA LOIRE A LA GIRONDE. 1 vol.	7 fr. 50
PYRÉNÉES. 1 vol.	12 fr.
GASCOGNE ET LANGUEDOC. 1 vol.	7 fr. 50
CÉVENNES. 1 vol.	7 fr. 50
BRETAGNE. 1 vol.	7 fr. 50
NORMANDIE. 1 vol.	12 fr.
NORD. 1 vol.	9 fr.
CHAMPAGNE ET ARDENNES. 1 vol.	7 fr. 50
FRANCE DIAMANT.	4 fr.

14365. — Typ. A. Lahure, Paris.

www.ingramcontent.com/pod-product-compliance
Lightning Source LLC
Chambersburg PA
CBHW071951110426
42744CB00030B/873